Usch Luhn

FOREVER

Band 1: *Forever*
Mein Wildpferd und ich

Weitere Geschichten über Anni und ihr Wildpferd

sind in Vorbereitung!

Usch Luhn

Mit Illustrationen von
Franziska Harvey

Inhalt

Mein lieber Ponyherz!

Jetzt bist du schon eine ganze Weile weg, aber
es gibt keinen Tag, an dem ich nicht an dich
denke. Manchmal vergesse ich sogar, dass du
nicht mehr da bist, und düse los zur Blumenwiese, um ganz schnell mit dir auszureiten, zum
Kopf-in-den-Wind-Halten. Um mit dir zusammen
Wasser aus dem Bach zu schlürfen, an Gras-
halmen zu kauen. Und um dir zu erzählen, wer
wieder blöd zu mir war.
Ach, mein lieber Ponyherz. Ich hoffe, du bist
glücklich.
Mein bester Freund Lorenz sagt, es ist normal,

dass junge Hengste eines Tages einfach fortgehen, um eine neue Herde zu gründen. Und in dem riesigen Pferdebuch, das ich zum Geburtstag von Pia gekriegt habe, steht es auch. Aber hättest du nicht für mich eine Ausnahme machen können?

Nee, ich weiß, das ist ein Wunschtraum. Wildpferde sind keine Kuscheltiere. Das war mir von Anfang an klar.

Ich habe Lorenz versprochen, nicht nach dir zu suchen, und mich bisher daran gehalten. Aber du weißt ja, wo ich wohne. Hast du nicht auch ein klitzekleines bisschen Sehnsucht nach mir?

Allerdings bin ich jetzt erst mal gar nicht zu Hause, ich komme nämlich auf eine neue Schule. Lorenz, Pia, Bine und Lynn sind auch dabei. Aber meine nervige Lehrerin Frau Grünklee bleibt zum Glück hier.

Die Schule ist nicht direkt in Groß-Hottendorf, deshalb wohnen wir dort in einem richtigen Internat. Wie in den Büchern, die ich so gerne lese. Krasse Sache. Das ist aber noch nicht alles. Es wird sogar Tiere in der Schule geben. Natürlich sollen sie keine Matheaufgaben lösen

oder Vokabeltests schrei-
ben - haha. Sondern
wir Kinder sollen
von den Tieren
lernen. Ganz
ehrlich, wie
genau das
aussehen
wird, weiß
ich selbst
noch nicht.
Und mehr
als von dir
kann ich
sowieso
von keinem
Tier der Welt
lernen.

Ponyherz! Ich liebe dich bis zum Mond und
zurück. Pass auf dich auf!

Deine Anni

Anni starrt auf die erste beschriebene Seite des Tagesbuchs. Ihr Herz tut immer noch so weh, wenn sie an Ponyherz denkt. Als sie vor ein paar Jahren von Hamburg nach Groß-Hottendorf gezogen ist, stand er plötzlich einfach vor ihr. Völlig magisch, ein richtiges Wildpferd, von dem niemand außer Anni wusste. Nur Lorenz, ihren besten Freund, weihte sie in ihr Geheimnis ein.

Vielleicht hat sie es schon immer ein bisschen gespürt, dass Ponyherz eines Tages weiterziehen würde. Und Lorenz ahnte es auch, er wohnt ja bei Pieter, dem Pferdeflüsterer, und hat jede Menge Ahnung von Pferden. Aber Anni wird sich niemals an den Gedanken gewöhnen, dass Ponyherz nun fort ist, niemals. Auf ihm ist sie frei wie der Wind und ohne Sattel geritten. Mit ihm hat sie all ihre Sorgen und die leckersten Äpfel geteilt.

Wie durch einen Nebel schaut sie auf die aufgeschlagenen Seiten ihres Tagebuchs. Sie hat es von Sonja bekommen, für die neue Zeit auf dem Internat. Sonja ist ihre Lieblingslehrerin an der alten Schule und die Frau von Pieter.

„Manchmal ist es gut, seine ganz geheimen Gedanken Papier anzuvertrauen und sie aufzuschreiben", hat Sonja gesagt. „Zeichnen geht natürlich auch, aber das kannst du ja schon so schön. Es wird viel Neues im Internat passieren, da wird dir Tagebuch schreiben vielleicht Spaß machen." Sie hat Anni zugezwinkert und ihr ein grasgrünes Heft mit festem Umschlag überreicht, wie ein richtiges Buch. *Annis Geheimnisse* hat sie mit einem silbernen Stift auf die erste leere Seite geschrieben. Die Buchstaben verschwimmen vor Annis Augen und sie muss heftig schlucken. Eine einzelne Träne platscht auf die Zeilen. „Mist!" Anni legt schnell ein Taschentuch darauf, um die Träne aufzusaugen. Dann reißt sie die erste Seite mit einem Ratsch aus dem neuen Tagebuch, faltet das Blatt so klein wie möglich und stopft den Papierknubbel in ihre Hosentasche.

Als sie aus ihrem Zimmer läuft, stolpert sie beinahe über ihren Rucksack. Und unten im Flur stehen schon der gepackte Schalenkoffer und eine riesige Reisetasche.

„Hilf mal bitte mit, Anni!" Ihre Mutter versucht die Reisetasche aus der Tür zu hieven.

„Keine Zeit. Ich muss noch mal weg." Anni schnappt sich zwei rote Äpfel aus dem Obstkorb.

„Jetzt?", rufen ihre Eltern wie aus einem Mund.

„Wir fahren gleich los, wo willst du denn noch hin?" Ihr Vater hebt den Koffer mit einem Hauruck an.

„Bin gleich wieder da!" Anni schlüpft durch die Tür nach draußen, springt auf ihr klappriges grünes Fahrrad und radelt eilig davon.

Kopfschüttelnd schauen ihre Eltern ihr hinterher.

Anni biegt gefährlich schnell in den kleinen Waldweg ein, radelt vorbei am See, auf dessen Oberfläche die Morgensonne glitzert, und erreicht außer Puste die Blumenwiese. Dort grast sie, die Wildpferdherde. Wenigstens ein Teil davon. Ponyherz hat die jungen Pferde ja mitgenommen.

Wie es ihrem Wildpferd wohl geht? Anni stellt sich das nicht so einfach für Ponyherz vor, als Chef eine neue Herde aus überwiegend jungen Tieren anzuführen. Das ist auf jeden Fall eine größere Aufgabe, als Klassensprecher zu sein. Wahrscheinlich muss Ponyherz seine Herde so geschickt lenken wie ein Schuldirektor seine Schule. Ob es da auch Pferde gibt, die anderer Meinung sind als Ponyherz und sich ihm widersetzen? Dann muss er zeigen, was in ihm steckt, und sich durchboxen. Hoffentlich gibt es keine Meuterei.

So ein Quatsch! Anni schüttelt über sich selbst den Kopf. Das sind ja Wildpferde und keine Piraten.

Ein vertrautes Wiehern reißt Anni aus ihren Gedanken.

„Kristall!" Anni läuft auf die Stute zu und umarmt sie innig. „Vermisst du Ponyherz auch so doll wie ich?"

Die Mutter von Ponyherz begrüßt sie schnuppernd, wie eine alte Freundin.

„Hier, für dich." Anni zieht einen der beiden Äpfel aus der Tasche und verfüttert ihn an die Stute.

Sie drückt noch mal kurz ihre Wange an das feste Fell des Wildpferdes. Wie gut es riecht. Anders als Ponyherz, aber genauso vertraut.

„Ich hab noch was zu erledigen", sagt Anni und läuft hinüber zu der kleinen Birkenreihe. Einer der Bäume ist hohl. Da hat sie bis zu Ponyherz' Verschwinden immer mal wieder eine Leckerei für ihn versteckt. Meistens Möhren aus Mamas Biogarten.

Heute Morgen nicht. Heute steckt sie die zusammengefaltete Tagebuchseite hinein und den zweiten Apfel. „Falls du zufällig vorbeikommst, Ponyherz", flüstert sie und spürt schon wieder Tränen in ihre Augen steigen.

Die Sonne kommt hinter einer Wolke hervor und lässt das silbergraue Fell von Kristall glitzern.

Wie damals, denkt Anni, als mich Ponyherz das erste Mal zu seiner Familie geführt hat. Da war er ja noch richtig jung.

So viel ist passiert seither. Ponyherz ist erwachsen geworden und auch für Anni beginnt heute ein neuer Lebensabschnitt.

Die Eltern, durchfährt es sie. Die sitzen ja auf den gepackten Koffern und warten sicher schon ungeduldig auf sie. Schnell los, bloß keinen Ärger am letzten Tag riskieren.

„Tschüss, bis bald! Passt auf euch auf!", ruft Anni den Wildpferden zu. Dann hechtet sie auf ihr Rad wie auf den Rücken eines Pferdes und strampelt los, ohne sich ein einziges Mal umzudrehen.

„Sagt jetzt nichts!", ruft sie ihren Eltern entgegen, als sie wieder auf den Orchideenhof einbiegt und mit quietschenden Reifen vor dem Haus hält. „Ging nicht anders. Aber nun hab ich alles erledigt."

Ihr Vater rollt mit den Augen, doch er verkneift sich einen Kommentar.

Ihre Mutter nimmt sie fest in ihre Arme. „Alles gut, Große", sagt sie liebevoll. Sie dreht sich um zum Haus. „Lars, wo bleibst du? Es geht los."

„Wieso hat die Schule eigentlich immer noch keinen Namen?",
fragt Annis kleiner Bruder Lars, als sie mit dem Auto durch ein
breites Tor fahren, das aussieht wie in den alten Westernfilmen,
die ihr Vater immer so gerne anschaut. „Das ist echt doof. Ich
weiß gar nicht, was ich antworten soll, wenn die Leute mich
fragen, wo Anni hingeht …"

Annis Vater reiht sich in die Schlange anderer Fahrzeuge ein,
die sich über eine schmale Zufahrtsstraße auf das Schulgebäude zubewegen.

Hier sieht es ziemlich anders aus als zu Hause auf dem Orchideenhof und in Annis vertrautem Wäldchen. Es gibt zwar auch
umzäunte Wiesen, aber ohne die vielen Blumen, die auf der
Wiese wachsen, wo die Wildpferdherde ihre Tage verbringt. Das
alles gehörte mal zu einem bewirtschafteten riesigen Gutshof
und das erkennt man immer noch. Die verwaisten Paddocks

laden dazu ein, Pferde und Ponys grasen zu lassen. Die befestigte Straße ist von hohen Pappeln umsäumt. Eigentlich ganz hübsch hier.

Sie nähern sich dem roten Backsteingebäude, das nun Annis neue Schule sein wird. Als sie das letzte Mal mit ihrer Freundin Lynn, ihrem besten Freund Lorenz und seinem Onkel Pieter vorbeigeschaut hat, war das gesamte Haus eingerüstet und wurde renoviert. Da konnte sich Anni noch nicht vorstellen, dass es irgendwann so *ehrwürdig* aussehen würde. Wie eine richtige Schule eben. Danach hat sie es nicht mehr geschafft, gucken zu gehen. Die Sommerferien flutschten so dahin. Und jetzt ist die Schule plötzlich fertig und Anni spürt ein aufgeregtes Kribbeln im Bauch.

„Pieter und Pias Mutter haben sich ja den ganzen Sommer nicht auf einen Namen einigen können. Wie so oft waren sie unterschiedlicher Meinung", erklärt Herr Sommer seinem Sohn. „Deshalb sollen alle zusammen entscheiden, wie die Schule heißen wird."

Anni nickt zustimmend. Gemeinsam einen Namen zu finden ist viel besser. Sie traut Pias Mutter, der Gutsbesitzerin Wittenberg, nämlich nur mittelmäßige Fantasie für einen tollen Namen zu. Die kann am besten mit Zahlen umgehen.

Die Idee, eine Schule mit Kindern und Tieren ins Leben zu rufen, stammt von Pieter, der als Pferdeflüsterer schon ewig mit

Therapiepferden arbeitet. Ausgerechnet Frau Wittenberg war sofort dabei und hat jede Menge Geld aufgetrieben, damit die Idee Wirklichkeit werden konnte.

In der neuen Schule wird es natürlich auch ganz normalen Unterricht wie Mathe und Deutsch geben. Aber zusätzlich wird es darum gehen, Tiere zu versorgen und Toleranz und Wertschätzung gegenüber Tieren und Menschen zu lernen. Anni weiß natürlich seit Längerem, dass Pieter von solch einer Schule geträumt hat. Aber seit er dem *Sonntagsreport* ein Interview gegeben und noch mal genau erklärt hat, was für eine Schule er plant, wissen es wirklich alle. Und viele Leute finden seine Idee richtig gut.

Aufgeregt schaut Anni aus dem Fenster. Sie hat noch kein vertrautes Auto entdeckt. Ob Lorenz schon da ist?

Das vorfreudige Kribbeln im Bauch wechselt zu mulmig. Jede Menge lästige Gedanken schießen ihr durch den Kopf. Wie wird es sein, nicht mehr jeden Abend im eigenen Bett zu liegen oder in den Wald zu radeln, wenn sie genervt ist? Auch wenn Anni sich in der letzten Zeit ziemlich häufig über Lars aufgeregt hat, weil er es liebt, in ihren Sachen zu schnüffeln. Wenn sie nicht mehr mit ihm meckern kann, wird ihr sicher etwas fehlen. So wie sie ihre Eltern vermissen wird. Papa ist in letzter Zeit häufig total zerstreut. Wie soll er ohne Annis Hilfe Mamas Lieblingskuchen Kalter Hund backen? Das kriegt er doch nie im

Leben hin. Und wer soll die vielen Gurken essen, die Anni nur wegen Ponyherz im Gewächshaus angepflanzt hat? Seit Ponyherz weg ist, haben sie Kristall und die anderen Wildpferde geschmaust, aber das wissen Annis Eltern ja nicht. Wenn Anni es sich genau überlegt, werden ihre Eltern und Lars es richtig schwer ohne sie haben.

Das sind aber nicht die einzigen Gedanken, die ihr durch den Kopf sausen wie eine Achterbahn. Wie werden die neuen Kinder in ihrer Klasse drauf sein? Noch mehr Pia-und-Bine-Zicken kann sie nicht aushalten. Wobei die zwei im Gegensatz zu früher gar nicht mehr so nervig sind. Anni ist in den letzten Wochen sogar zusammen mit ihnen ausgeritten.

Mit welchen Erwachsenen wird sie sich herumschlagen müssen? Anni fallen augenblicklich jede Menge Internatsbücher ein, in denen wirklich alles schiefläuft. Zwar gibt es hier außer dem Pferdeflüsterer Pieter sicher keine Zauberer, die ihr Stress machen, aber es könnte trotzdem ganz schön nervig werden.

Und doch freut Anni sich auf das neue Abenteuer. Sie will mutig nach vorne gucken, ganz so wie Ponyherz. Der ist schließlich auch einfach losgaloppiert.

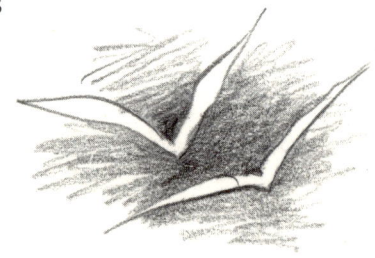

„Cooler Scheiß!", brüllt ihr Lars

ins Ohr, als sie im Schritttempo durch die breite Pforte auf das Schulgelände zusteuern. „Wieso ist die Schule nur für die Großen? Ich will auch hierher."

Anni zwickt ihn liebevoll. „Nix da. Ich bin froh, dass ich dich mal eine Weile los bin, Winzling. Ärgere du lieber Frau Grünklee, damit sie nicht aus der Übung kommt. Und lass die *Ausdrücke* besser weg. Die mag Frau Grünklee nicht so. Dafür gibt sie gerne mal Extrahausaufgaben."

Lars zieht einen Flunsch, weil Anni ihn an Frau Grünklee erinnert hat. Sie wird jetzt seine neue Klassenlehrerin. Bis zum letzten Schultag sind Anni und die Lehrerin keine Freundinnen geworden.

„Viel Spaß in der neuen Schule, Anni", hatte sie ihr bei der Zeugnisausgabe gewünscht. „Aber wenn du meinen wohlmeinenden Rat hören willst: Fahre deinen Dickschädel zurück. Sonst wirst du noch mal richtig Ärger kriegen. Nicht jede Lehrerin ist so gutmütig wie ich."

Anni hatte sich zusammenreißen müssen, um nicht hysterisch loszulachen. So einen gequirlten Quark konnte einem wirklich nur Frau Grünklee mit auf den Weg geben.

„Du kriegst bestimmt auch wieder strenge Lehrer", sagt Lars bockig. „Wünsche ich dir jedenfalls."

Herr Sommer guckt in den Rückspiegel. „Na, na. Keinen Streit auf den letzten Metern, bitte."

Anni presst die Lippen aufeinander und nickt angestrengt. Schweißnass sind ihre Hände plötzlich, als ihr Vater das Auto parkt und fröhlich „Hier sind wir also. Alle aussteigen!" ruft.

Du Weichei, sagt Anni in Gedanken zu sich selbst, als sie schwerfällig aus dem Auto klettert. Ihre Füße fühlen sich an, als wären sie zwei Klumpen Zement. Ponyherz, wo bist du? Bring mich ganz schnell hier weg. Ich geh mit dir überallhin.

Sie schaut sich suchend um. Kein Ponyherz weit und breit. Dafür entdeckt sie Pia und Bine. Sie stehen umringt von einigen Mädchen ihres Alters und gestikulieren lebhaft. Die fremden Mädchen lachen laut und bewundernd.

Na prima, denkt Anni und wischt sich die feuchten Hände an ihrer Jeans ab. „Alles wie immer, so ein Scheiß aber auch", murmelt sie.

„Was meinst du?", fragt ihre Mutter und legt beschützend den Arm um ihre Schultern.

„Alles gut, Mama", sagt Anni ungeduldig und schiebt ihre Hand weg. Nicht dass die fremden Mädchen denken, sie sei ein Baby.

„Anni, komm her!" In diesem Augenblick hat Pia sie entdeckt.
„Das ist unsere Pferdeflüsterin", erklärt sie den Mädchen aufge-
kratzt.
„Genau. Sie wiehert mit Pferden im Chor", sagt Bine und ver-
dreht die Augen.
Die Mädchen kreischen los.
„Krass!", ruft ein Mädchen, das ein pinkfarbenes Beanie bis über
die Ohren gezogen hat. „Frisst du auch Gras zum Frühstück?"
Anni holt tief Luft, um ihr eine Antwort zu verpassen, die sie
nicht so schnell vergisst.

„Anni, da bist du ja!", hört sie im selben Moment eine vertraute Stimme. „Ihr seid aber spät dran. Ich bin mit Pieter sogar schon gestern gekommen. Das ist hier so super. Na los, ich zeig dir alles."

Lorenz! Er läuft mit großen Schritten auf sie zu. Augenblicklich löst sich Annis Wut in Luft auf. Aus dem Augenwinkel stellt sie mit Genugtuung fest, wie die fremden Mädchen neugierig gucken. Besonders das Beanie-Girl.

„Das ist Lorenz. Der Pferdeflüsterer Pieter ist sein Onkel. Pieter und meine Mama haben den Laden hier ja aufgezogen. Coole Sache", erklärt Pia lässig.

Na, was gibt es da zu glotzen, Pinkie?, möchte Anni das Beanie-Mädchen fragen. Aber im letzten Augenblick überlegt sie sich die Gemeinheit und schluckt die Worte runter. Außerdem zieht Lorenz sie auch schon mit sich fort.

„Anni, dein Gepäck, warte doch mal!", ruft Herr Sommer seiner Tochter hinterher. Kopfschüttelnd räumt er alles aus dem Kofferraum.

„Gestern wurden noch die letzten Badezimmer fertig", erzählt Lorenz, während Anni und er auf die geöffnete Flügeltür des Gutshofs zusteuern. „Alles total cool. Sonja wollte gleich, dass die Bäder auf unserem Hof auch genauso umgebaut werden. Pieter war *voll begeistert* …" Er setzt grinsend Anführungszeichen mit den Fingern.

Ein Handwerker kommt ihnen entgegen und scheucht sie weg. „Leute, bleibt mal lieber draußen. Der Flur ist noch klitschnass, Unfallgefahr, es wird noch schnell gewischt. Ihr wollt euch doch nicht gleich zu Schulbeginn die Haxen brechen."

Anni runzelt die Stirn. „Also doch nicht alles fertig?"

Sie gehen an der Hauswand entlang in Richtung der Ställe.

„Die Mischbatterien der Duschen funktionierten heute Morgen nicht, es kam nur kaltes Wasser raus. Und dann platzte plötzlich ein altes Rohr, das man vergessen hatte auszutauschen", erklärt Lorenz. „Frau Wittenberg hat sich wie immer voll aufgeregt und das Chaos noch größer gemacht. Und Pieter ist wie immer vor allem um die Tiere besorgt."

Anni kichert vergnügt. „Also wirklich alles wie immer. Hast du denn unser Zimmer schon abgecheckt?"

Lorenz schüttelt den Kopf. „Planänderung. Wir dürfen leider nicht zusammen in eins. Frau Wittenberg war voll entsetzt, als ich ihr das vorgeschlagen hab", klärt Lorenz Anni bedauernd auf. „Wir werden nach Jungs und Mädchen aufgeteilt. Ich habe den Plan bei Pieter auf dem Schreibtisch gesehen. Du bist in einem Zimmer mit Lynn und ich mit einem Jungen, der Harvey heißt. Keine Ahnung, wo der herkommt. Jedenfalls nicht aus Groß-Hottendorf."

Anni runzelt die Stirn. „Wie oldschool. Wir haben im Ferienlager doch auch gemeinsam gewohnt." Sie zuckt mit den Achseln.

„Egal, es hätte schlimmer kommen können …" Vor ihrem inneren Auge sieht sie das Beanie-Girl grinsen. „Sind denn die Tiere schon alle da?" Lorenz schüttelt den Kopf. „Sie werden erst nach und nach eintreffen, so ist es für alle entspannter, meint Pieter. Dann können *wir* uns auch besser im Internat eingewöhnen."

Anni dreht den Daumen nach oben. „Finde ich top. Dein Onkel hat wieder einmal voll den Durchblick."

„Was die Tiere angeht, schon. Alles andere überlässt er Frau Wittenberg, was ins größte Durcheinander ever führt." Lorenz grinst und schnaubt fast wie Ponyherz.

Anni zuckt zusammen. Es ist so schwer, das Wildpferd aus

ihrem Kopf zu verbannen. Eigentlich denkt sie ständig an ihr geheimes Pferd.

Lorenz schaut sie prüfend an. „Anni? Alles gut?"

„Klar." Sie nickt. „Alles paletti."

Lorenz nimmt ihre Hand. „Es geht Ponyherz gut", sagt er leise. „Da bin ich ganz sicher. Und für uns startet hier bestimmt eine richtig coole Zeit. Morgen kommen die Shetlandponys, dann die Alpakas, und drei kleine Schweinchen hat Pieter aufgetrieben. Bald gackern hier sogar Hühner, für die müssen wir noch den Stall fertig bauen und fuchssicher machen. Es kreisen nämlich manchmal Geier über dem Anwesen, da muss man echt aufpassen. Pieter hat auch drei Pferde für die Schule gekauft. Sebastian ist heute früh mit dem Anhänger los, um die zwei Lipizzaner abzuholen."

Der Pferdewirt Sebastian ist nicht nur die rechte Hand von Pieter, er ist auch seit Langem sein bester Freund. Zu Annis Entsetzen ist er in Frau Grünklee verknallt.

Anni stößt einen Schrei aus. „Lipizzaner? Cute! Das sind so schöne Pferde."

Lorenz nickt. „Absolut. Aber du kennst ja Pieter – es sind vernachlässigte aus einer Pferdeklappe. Na ja, das ist eine längere Story ..."

Anni spürt, wie es vor Aufregung überall auf ihrer Haut zu kribbeln beginnt. Pferde, die Hilfe brauchen, weil sie von Menschen enttäuscht wurden, sind ihr besonders wichtig. Sie mag es einfach, ihnen zu zeigen, dass das Zusammenleben von Menschen und Tieren eigentlich so schön sein kann. Über die Pferdeklappe hat sie erst vor Kurzem einen Bericht in der Zeitung gelesen. Dort können ganz anonym oder auf Anfrage Pferde abgegeben werden, die Hilfe und vor allem ein neues zu Hause brauchen. Was wohl mit den Lipizzanern passiert ist?

„Jetzt freue ich mich noch viel mehr auf die neue Schule!" Anni kneift sich selbst in den Arm, um sicher zu sein, dass sie das nicht alles nur träumt.

„Und dann haben Pieter und Frau Wittenberg noch eine mega Überraschung geplant", sagt Lorenz. „Ich konnte aus meinem Onkel nicht herausbekommen, was es ist. Selbst Sonja hat dichtgehalten. Schnüffeln war auch nicht erfolgreich."

Sie bleiben vor einer geöffneten Stalltür stehen. Anni schaut neugierig hinein. Zum Glück sieht es hier nicht so geleckt aus wie auf dem schicken Gutshof von Frau Wittenberg, sondern eher so gemütlich wie auf dem Hof des Pferdeflüsterers. Ganz klar, dass Pieter sich auch hier durchgesetzt hat. Ohne dass sie was dagegen machen kann, spürt Anni wieder diesen Kloß im Hals. Dabei hat sie sich gerade noch so gefreut.

Wie kann es sein, dass sie das alles an Ponyherz erinnert? Das Wildpferd hat doch nie in einem normalen Stall gelebt.

Lorenz scheint Annis Traurigkeit wieder zu spüren. „Hey, was ist los?", fragt er besorgt. „Es geht doch bestimmt um …?" Er spricht den Namen von Annis Wildpferd nicht aus.

„Die meiste Zeit ist wirklich alles gut und ich denke nicht mehr ständig an ihn. Bloß heute Morgen zum Beispiel, als es für mich selbst Abschied nehmen hieß, da hatte ich das Gefühl, Ponyherz hat mich verlassen. Ohne Tschüss und einfach weg, als hätte es ihn nie gegeben. Und dann tut mein Herz einfach so weh." Eine einzelne Träne rinnt über Annis Wange.

„Bald kriegst du genug zu tun und bist abgelenkt", tröstet Lorenz sie. „Außer den Lipizzanern hat Peter auch noch eine echt wilde Connemara-Stute aufgetrieben, Lotte heißt sie. Sie ist Expertin darin, ständig auszubüxen."

Spontan nimmt Lorenz seine beste Freundin in die Arme und drückt sie an sich. Anni schließt ihre Augen und presst sich fest an ihn.

Lorenz riecht gut und vertraut. Eine Mischung aus Pferdehof und dem würzigen Aftershave, das er seit Kurzem immer von Pieter stibitzt. Sein Geruch erinnert sie an die Zeit, als sie zusammen über die Wiesen in den Sonnenuntergang geritten sind.

„Anni ist vaaaliebt, Lorenz ist vaaaliebt!" Lars kommt herbeigeschossen und hüpft um Anni und Lorenz herum.

„Was quatschst du denn für einen Unsinn, Zwerg?", meckert Anni und lässt Lorenz eilig los.

Zu spät. Auch das Beanie-Girl und die anderen Mädels haben die Umarmung der beiden beobachtet. Anni hat plötzlich das Gefühl, sie sind ihnen hinterhergeschlichen. Nun klatschen sie laut Beifall und feuern die beiden an.

„Entspannt euch mal, Leute!", ruft Lorenz und hebt lässig die Arme. „Die Show ist vorbei."

Anni ist knallrot geworden. Zum Glück fallen ihr die Eltern und ihr Gepäck wieder ein. „Ich muss ja noch auspacken helfen." Eilig will sie die Flucht ergreifen.

Aber das Beanie-Mädchen verstellt ihr den Weg und hält sie am Arm fest. „Ich dachte, du knutschst nur mit Gäulen, Grasfresserin ...", säuselt sie.

„Lass. Mich. In. Ruhe. Pinkie", faucht Anni. Sie befreit sich aus dem Klammergriff des Beanie-Mädchens, zieht ihren kleinen Bruder hinter sich her und sieht zu, dass sie Land gewinnt.

Das geht ja gut los, denkt sie. Pinkie und ich, das wird ein Problem.

Zum Glück entdeckt Anni ihre Eltern ohne langes Suchen auf dem Schulhof. Sie haben ihr Gepäck inzwischen schon auf einen Rollwagen gestellt, der vom Hausmeister später zum Lastenaufzug gebracht wird. Auf diesen Einbau hat Frau Wittenberg bestanden.

Anni vergisst augenblicklich, dass sie sich *hoheitsvoll* zurückziehen wollte. „Papa, Mama!" Gefolgt von Lars stürmt sie auf die beiden zu und wirft sich ihrem Vater in die geöffneten Arme. Lars hängt sich von hinten wie eine Klette ran.

„Ich aber auch!", ruft ihre Mutter lachend und vervollständigt das Knäuel.

Anni sieht, dass ihrer Mutter Tränen über die Wangen laufen, und ihr Vater hat ebenfalls ganz feuchte Augen.

Jetzt bloß nicht losheulen, schärft sie sich ein. Lynn denkt immer an was Lustiges, wenn sie weinen muss. Aber Anni fällt gerade so gar nichts Lustiges ein. Wo ist ihre Freundin überhaupt? Sie hat sich noch gar nicht blicken lassen heute Morgen.

„Ach, meine Süße", sagt Frau Sommer. „Wer backt mir denn jetzt meinen Lieblingskuchen?"

Genau das hat sich Anni vorhin ja auch schon gefragt.

„Ich, ich, ich!", ruft Lars. „Ich bin der beste Kuchenbäcker der Welt."

Anni wuschelt ihm lachend durch die Haare. „Und der größte Angeber aller Zeiten." Sie lächelt ihre Eltern traurig an. „Dann sollten wir mal Tschüss sagen, oder?" Inzwischen kann sie die Tränen kaum mehr zurückhalten.

„Erst noch das Geschenk!", kräht Lars und zieht sehr viel zusammengeknülltes Papier aus seinem Rucksack, das von noch mehr Klebeband zusammengehalten wird. Er überreicht es feierlich. „Hier, damit du immer an zu Hause denkst", sagt er ungewohnt ernst.

„Echt jetzt? Für mich?" Es dauert eine ganze Weile, bis Anni das Geschenk aus der Umhüllung befreit hat. Sie stößt einen überraschten Schrei aus. „Waaaaahnsinn, Lars! Hast du …?" Tränen stürzen nun aus ihren Augen wie bei einem Wasserfall.

„Hab ich ganz alleine hingekriegt. Nur beim Kopf hat mir Papa ein wenig geholfen." Lars strahlt stolz. Er hat Anni ein Pferd aus Holz geschnitzt und es mit Wasserfarbe braun angemalt. Auf der Stirn hat es einen kleinen herzförmigen Fleck.

„Es ist wunderschön, Lars", sagt Anni. Sie umarmt ihn innig und mag ihn gar nicht mehr loslassen. Er wird ihr so fehlen, ihr lieber nerviger kleiner Bruder.

„Weil du Wildpferde doch so gerne magst", flüstert Lars ihr ins Ohr. „Und das mit dem Herzen ganz besonders."

Das Treiben auf dem Schulhof gleicht inzwischen einem summenden Bienenstock. Anni hat das Gefühl, dass mehr Eltern Tränen vergießen als Kinder. Sie nimmt sich ganz fest vor, nicht noch mal zu weinen, wenn ihre Eltern abfahren.

„Dann mal in die Hufe, Leute", sagt Herr Sommer und umarmt Anni erneut.

Und Frau Sommer gibt Anni ein paar sehr nasse schnelle Küsse, ohne dass es Anni peinlich ist.

„Jetzt bin ich das große Kind auf dem Orchideenhof!", ruft Lars fröhlich und rennt schnell davon, bevor Anni ihn ein allerletztes Mal kneifen kann.

Für einen Moment steht Anni ziemlich verloren herum in dem ganzen Getümmel. Nun ist ihre Familie wirklich weg. Und auch Ponyherz und die anderen Wildpferde sind so weit entfernt wie nie zuvor.

Bin ich jetzt also wirklich groß?, fragt sich Anni zweifelnd. Will ich das sein?

Jemand packt sie plötzlich von hinten und nimmt sie in den Schwitzkasten. Anni tritt heftig aus, wie ein wütender Gaul, aber ihr Angriff geht ins Leere.

Im selben Augenblick hört sie Lynn kichern. „Ruhig, Brauner, ruhig." Ihre Freundin lockert den Griff und Anni fährt herum. „Spinnst du?", ruft Anni. Aber ihre Stimme hört sich gar nicht wütend an, ganz im Gegenteil. Sie fällt Lynn um den Hals. „Tauchst du auch noch mal auf, du Pappnase?"

Lynn wirft empört ihren Kopf in den Nacken. „Das glaubst du

nicht. Erst verschlafen wir alle aber so was von, dann hat unser Auto einen Platten, gleich nach dem Losfahren. Mama hat ganz alleine den Reifen gewechselt, weil Papa sich den Rücken verhoben hat. Ich dachte schon, ich muss hierherreiten, aber es war ja kein Pferd in der Nähe."

Anni guckt sich suchend um, weil sie Lynns Eltern noch schnell Hallo sagen will, doch Lynn winkt ab. „Die beiden sind gleich wieder los, Mama bringt Papa zum Arzt. Wir haben uns gar nicht richtig voneinander verabschiedet, so ein Durcheinander war das alles. Ausgerechnet heute."

Anni streicht Lynn mitfühlend über den Arm. „Das tut mir echt leid für euch."

Lynn schüttelt unbekümmert den Kopf. „Kein Problem, Abschiede sind sowieso nicht so meins." Ihr Blick flitzt von links nach rechts. „Ist ja schwer was los. Und es sieht plötzlich alles ganz anders aus. Meine Eltern waren sicher, dass der Umbau nicht rechtzeitig fertig wird. Mama wollte mich schon in einer Oberschule in der Kreisstadt anmelden, damit ich keinen Unterricht versäume. Immer korrekt, meine Ma. Ich bin froh, dass ich mal eine Weile von zu Hause wegkomme." Sie rollt mit den Augen.

„Na ja", sagt Anni zögernd. „Ich glaube, unsere Eltern meinen es einfach gut, auch wenn sie manchmal nerven."

Lynn zieht die rechte Augenbraue hoch. „Du hast doch nicht

schon nach einer Stunde Heimweh, oder? Hey, jetzt geht es bestimmt so richtig los mit allem."

Und mit was genau geht es los?, will Anni fragen. Aber stattdessen sagt sie: „So ein Quatsch", und versucht ein Lächeln in ihr Gesicht zu beamen. Sie schämt sich ein wenig, dass sie ihre Eltern und Lars plötzlich so vermisst. „Wir teilen uns übrigens ein Zimmer", sagt sie, um das Thema zu wechseln. „Hat Lorenz herausgefunden."

Lynn macht einen Luftsprung. „Yeah! Wie cool ist das denn?! Ach, Anni, ich freue mich voll." Sie umarmt Anni erneut überschwänglich.

„Hohohoho", hört Anni das Beanie-Mädchen lästern. „Noch mehr große Liebe. Wie süß die Landeier sind."

Lynn will wütend reagieren, doch Anni hält sie lässig davon ab und flüstert: „Vergiss Pinkie. Ich bin auch schon mit ihr aneinandergerasselt. Einfach ignorieren." Sie guckt aber trotzdem über Lynns Schulter in Richtung von Beanie-Girl und den anderen Mädchen.

Pia schüttelt unwillig den Kopf. „Na, du kommst doch selbst nicht gerade aus der Großstadt, Melli. Lynn, Anni und Lorenz sind einfach best friends. Also lass sie in Ruhe."

Bine will natürlich auch was sagen, aber Pia wirft ihr einen warnenden Blick zu.

Das sind ja ganz neue Töne von Annis Lieblingsfeindin. Aber

zuletzt haben sich die Lästerschwestern Pia und Bine ohnehin
sehr zurückgehalten.

„Anni, Lynn! Wo bleibt ihr denn? Wir dürfen jetzt endlich in
die Schule rein!", ruft Lorenz und winkt ihnen von der großen
Eingangstür aus zu.

„Wir kommen!", ruft Anni zurück und dann entert sie mit Lynn
Hand in Hand den Gutshof.

Zusammen mit den anderen erwartungsvollen Neuankömm-
lingen erkunden sie das Schulgebäude und lassen keinen Win-
kel aus. Aber am schönsten ist es, das eigene Internatszimmer
in Besitz zu nehmen. Anni und Lynn kreischen so laut um die
Wette, dass Frau Wittenberg erschrocken herbeigelaufen
kommt, weil sie denkt, dass etwas passiert ist.

Eine Weile später schreibt Anni in ihr Tagebuch:

Lieber Ponyherz,

die neue Schule ist echt mega und ein dreifa-
ches Wiehern wert, sage ich dir. Lynn und ich
haben ein traumhaft schönes Zimmer, mit
einem riesigen Fenster. Von dem aus kann man
in den Wald gucken, wie zu Hause. Ich habe
gedacht, hier gibt es gar keinen Wald, stimmt
aber nicht.

Jede von uns hat einen eigenen Schreibtisch. Lynn hat mir die große Tischplatte, die auf zwei Böcken liegt, überlassen. Daran sitze ich gerade, während ich dir schreibe. Lynn wollte gerne den lustigen kleinen Tisch mit den geschwungenen Beinen haben. Also eine Art schmale Kommode zum Aufklappen, wie sie die in den Ritterfilmen haben. Kein Problem für mich. Dafür habe ich das Bett am Fenster gekriegt. Wenn ich mich darauflege, kann ich in die Wolken schauen und nachts sehe ich den Sternenhimmel. Es gab überhaupt keinen Stress mit Lynn, wer was wo in Beschlag nimmt. Ein viertes Wiehern dafür. Ach, mein Ponyherz. Es ist alles schön und nigelnagelneu. Auch wenn du dir als Wildpferd bestimmt nicht vorstellen kannst, dass man es in geschlossenen Räumen toll findet. Ich hoffe sehr, du hast auch einen hübschen Schlafplatz im Wald gefunden. Einen, der genauso besonders ist wie die von Birken umrahmte Blumenwiese.

Gleich im Zimmer nebenan wohnen Bine und das Beanie-Girl Melli. Ich verrate dir was: Es gab einen riesigen Krach, als das rauskam. Denn Pia hatte Bine nicht gesagt, dass sie ein Einzelzimmer kriegt, das ganz am Ende unseres Flurs liegt. Das hat zwar Frau Wittenberg bestimmt, weil die Mädchenanzahl ungerade ist in unserer Klasse. Aber in Wirklichkeit wollte Pia ihr Zimmer mit niemandem teilen. Davon sind Lynn und ich fest überzeugt. Obwohl Lynn glaubt, Pia würde am liebsten mit mir in ein Zimmer. Sie ist sicher, dass Pia gerne mit mir befreundet wäre. Ich weiß nicht, ob Lynn recht hat. Und noch weniger weiß ich, ob ich mit Pia befreundet sein will. Klar, sie stresst mich nicht mehr so wie früher. Aber vielleicht ist ihr einfach langweilig geworden, weil ich mir nichts mehr aus ihrem angeberischen Getue mache. Ich wette, sie findet schnell ein neues Opfer.

Ich muss los, mein lieber Ponyherz. Pieter und Frau Wittenberg halten gleich eine kleine Begrüßungsrede. Hoffentlich dauert das Gequatsche nicht zu lange. Lynn und ich wollen erst mal das Gelände erkunden. Der Unterricht beginnt ja erst morgen.

„Wo bleibst du denn schon wieder?"

Eilig klappt Anni ihr Tagebuch zu und schiebt es unter ihr Sitzkissen.

„Du bist echt immer am Trödeln", sagt Lynn und zieht ihre Freundin mit sich fort.

„Musst du gerade sagen", antwortet Anni ein bisschen schnippisch, aber sie meint es gar nicht böse. Man muss Lynn einfach immer ein wenig bremsen. Bei Lorenz ist das anders. Der ist manchmal so empfindlich, dass man dreimal nachdenken sollte, bevor man ihn anmeckert. Umgekehrt haut er niemals unüberlegt Gemeinheiten raus. Bestimmt hat er das von seinem Onkel Pieter gelernt, der mit den Pferden auch immer so behutsam umgeht. Pieter sagt oft, Pferdeflüstern und Menschenflüstern funktionieren gleich.

Wenn Anni es sich recht überlegt, ist Lorenz ein echter Freundeflüsterer. Nie würde er Anni absichtlich oder unüberlegt verletzen. Würde man sie fragen, wer ihr wichtiger ist, Lynn oder Lorenz, dann könnte sie das gar nicht beantworten. Sie könnte höchstens sagen: Beide sind ganz besondere Menschen. Und das ist auch das Tolle hier in der neuen Schule: Sie werden sich alle drei gemeinsam ins Abenteuer stürzen!

Im selben Moment spürt Anni einen Stich ganz nah am Herzen. Nur so eine magische Freundschaft wie mit Ponyherz wird es nie wieder geben.

Herzklopfen

Alle neuen Schülerinnen und Schüler haben sich in der Pausenhalle versammelt. Schlagartig beginnt Annis Herz zu rasen wie bei einem Hundertmeterlauf. Die langen Bänke und Tische, an denen in Zukunft morgens, mittags und abends gegessen wird, stehen an den Wänden, unter der Decke verstärken Holzbalken das uralte Mauerwerk. Zum Garten hinaus führen drei große Flügeltüren, die aber geschlossen sind. Die Verbindung zum Garten hat dem Raum seinen Namen gegeben: Gartensaal. Vor einiger Zeit konnte Frau Wittenberg den ausgemusterten Gutshof des Grafen Meerfeld kaufen. Der Graf war so begeistert, als er von der besonderen Schule gehört hat, dass er Frau Wittenberg und Pieter die Stallungen und Wiesen dazu geschenkt hat. Lynn hat von ihrer Mutter, die im Rathaus arbeitet, erfahren, dass der Graf sogar für das Wohnhaus nur ganz wenig Geld verlangt hat. Er wäre nämlich als kleiner Junge am liebsten auch auf so eine Schule gegangen, wie Pieter sie sich ausgedacht hat, weil er Tiere so gerne mag. Stattdessen musste er ein sehr strenges Internat besuchen.

Zu Annis Überraschung stehen jetzt nicht nur Pieter und Frau Wittenberg bereit, um die Kinder zu begrüßen, sondern drei weitere Erwachsene. Anni und Lynn kämpfen sich durch die Tischreihen nach vorne zu Lorenz, um nichts zu verpassen.

„Das sind schon die neuen Lehrer", sagt Lorenz. Seine Stimme klingt irgendwie ganz heiser. Ob er auch so aufgeregt ist?, überlegt Anni.

Frau Wittenberg ergreift als Erste das bereitstehende Mikrofon. Die Kleider, die sie trägt, findet Anni wieder einmal superpeinlich. Sie hat ein knallgelbes Reiterkostüm an, das Anni schon mal an ihr gesehen hat. Es ist bis obenhin zugeknöpft, sodass sich der schwarze Rüschenrand ihrer Bluse regelrecht am Hals herausquälen muss. Und ihre Füße stecken in roten Lackleder-Stöckelschuhen mit astronomisch hohen Pfennigabsätzen. Echte Waffen sind das.

Lynn zeigt auf den gemaserten Holzboden. „Frau Wittenberg tackert mit ihren Absätzen den Fußboden. Schade um das schöne Holz."

Im Gegensatz zu Frau Wittenberg sieht Pieter aus wie ein echter Ranger. In seinen stylischen Arbeitsklamotten vom Pferdehof zeigt er allen, was sein Job hier in der neuen Schule sein wird.

Lorenz hat Anni verraten, dass Sebastian mehr Arbeiten auf dem Pferdeflüsterer-Hof übernehmen wird, bis in der Schule alles reibungslos läuft mit den Tieren. Und ein neuer Pferdewirt namens Robert wird Sebastian dabei unterstützen.

Die Rede, die Frau Wittenberg nun hält, klingt zu Annis Überraschung richtig nett. Sie ist anscheinend wirklich Feuer und Flamme für das Schulprojekt. Pia hat vor Stolz auf ihre Mutter ein knallrotes Gesicht und klatscht am Ende wie verrückt. Anni lächelt ihr spontan zu und Pia lächelt zurück.

Jetzt bittet Pieter alle, sich gut um die Tiere zu kümmern, die bald ihrer Obhut anvertraut werden, und er sagt, dass der Gutshof ebenfalls mit Respekt behandelt werden soll. „Dieses Haus ist

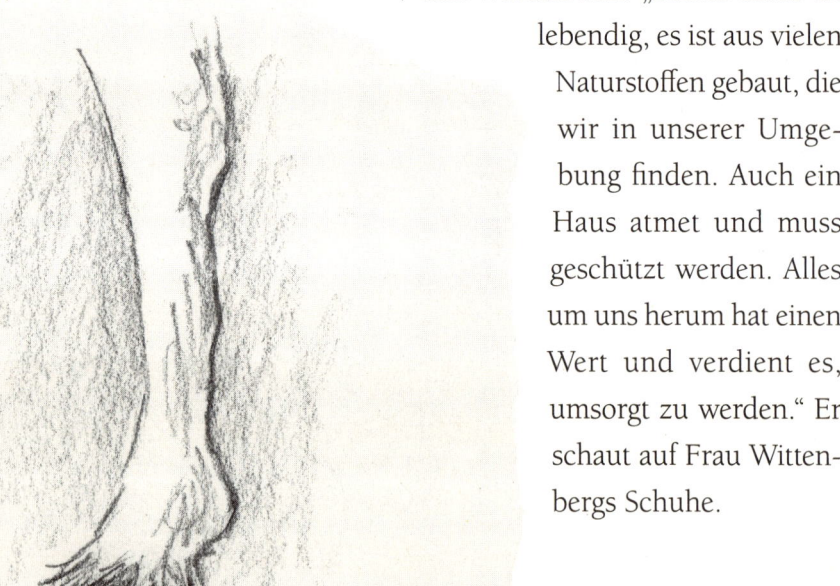

lebendig, es ist aus vielen Naturstoffen gebaut, die wir in unserer Umgebung finden. Auch ein Haus atmet und muss geschützt werden. Alles um uns herum hat einen Wert und verdient es, umsorgt zu werden." Er schaut auf Frau Wittenbergs Schuhe.

Pias Mutter folgt seinem Blick. Und das Wunder geschieht: Sie kriegt rote Wangen und zieht die Stöckelschuhe aus. „Pieter hat natürlich recht. Bitte in Zukunft auf diesem alten Eichenboden nur mit Hausschuhen laufen oder wie in meinem Fall auf Strümpfen."

Alle lachen und beginnen zu klatschen.

Pieter umarmt Frau Wittenberg spontan und fährt dann fort: „Lasst uns den Tag nutzen, um diesen Ort kennenzulernen. Ab heute nehmen wir auch Vorschläge für einen passenden Namen für unsere Schule entgegen. Am Eingang hängt ein grüner Briefkasten, dort könnt ihr eure Ideen einwerfen. Und ich brauche dringend Freiwillige, die helfen, den Hühnerstall fuchssicher zu machen. Aber wir werden uns nicht nur um die Hühner und ihr Wohlbefinden kümmern. Die Shetlandponys, die uns der Graf geschenkt hat, sind schon unterwegs. Die Alpakas erwartet ein riesiger Stall und eine schöne Wiese. Viele wissen schon, dass ich mich seit Langem um Pferde kümmere, die kein gutes Zu Hause hatten. Wenn man erst einmal ihr Vertrauen gewinnt, können sie wunderbare Freunde werden für alle, die mehr Mut und Selbstvertrauen benötigen."

Zum Schluss ergreift noch einmal Frau Wittenberg das Wort, die schuhlos deutlich kleiner ist und sich auf die Zehenspitzen stellt. „Wie ihr wisst, sind wir ja noch eine recht überschaubare Truppe, weil wir mit nur einer Jahrgangsstufe loslegen. Mehr Kinder aufzunehmen, schaffen wir momentan nicht. Deshalb hoffe ich, dass ihr euch besonders anstrengt, damit unsere Schulform *Schule macht*, wie man so schön sagt. Ich darf euch noch ganz kurz unsere Geschichtslehrerin Frau Heimlich vorstellen. Aus Schottland ist Mister Grant angereist, der sich um euer Englisch bemühen wird. Und neben ihm steht Frau Lachner, die für das neue Fach Ernährungskunde zuständig sein wird. Wir haben eine Lehrküche, in der auch gemeinsam gekocht wird."

„Hello, girls, hello, boys!", ruft Mister Grant. „I'm super strict but when I eat chocolate I become kinder."

Wieder ertönt lautes Gelächter. Ein Lehrer, der zugibt, dass er zwar streng ist, sich aber mit Schokolade bestechen lässt? Anni grinst. Das kann ja spaßig werden.

Vibes

Nach dem gemeinsamen Mittagessen werden die Flügeltüren
geöffnet und alle schwärmen in der warmen Sommerluft aus,
um das Gelände zu erkunden. Nur Lynn konnte es kaum erwarten, sofort wieder in ihr neues Zimmer zu kommen. Als Anni
in den Garten spaziert und sich einen Augustapfel pflückt, läuft
ihr Lorenz über den Weg.

„Hilfst du mit, den Hühnerstall fertig zu bauen?", fragt er.

Eigentlich hätte Anni richtig Lust darauf, aber sie hat Lynn versprochen, das gemeinsame Zimmer gemütlich zu machen. „Wo
ist denn dein Zimmerkumpel Harvey?", fragt sie. „Den hast du
uns noch gar nicht vorgestellt."

Lorenz zuckt mit den Achseln. „Bisher ist er nicht aufgetaucht.
Also hab ich mir einfach schon mal das Bett am Fenster
geschnappt. Nachts kann man von dort aus sicher den Sternenhimmel sehen."

Anni strahlt ihren Freund an. Sie haben so viele Gemeinsamkeiten!

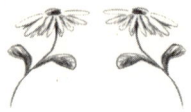

„Na endlich!", ruft Lynn Anni entgegen, als sie ins Zimmer kommt. Sie balanciert auf der obersten Stufe einer Leiter und klebt Haken an die Decke.

„Was machst du denn da?", fragt Anni.

Lynn zeigt auf eine Tasche mit bunten Tüchern. „Ich habe Seidentücher von Mama gemopst, die will ich als Himmel drapieren. Sieht dann irgendwie cooler aus. Guck sie dir an, manche sind sogar bemalt, Mama hat mal einen Kurs in Stoffmalerei gemacht."

Anni zuckt unentschlossen mit den Achseln. Ihr Zimmer auf dem Orchideenhof beherbergt nur ein paar alte, lieb gewonnene Plüschtiere und das Holzschaukelpferd, das Papa vom Dachboden geholt hat. Es hat früher einmal Annis Großonkel gehört.

„Hast du gar nichts zum Dekorieren mitgebracht, Anni?", fragt Lynn. „Was ist denn mit deinen schönen Zeichnungen?"

Daran hat Anni gar nicht gedacht. Ihre Zeichnungen hat sie alle zu Hause gelassen.

Lynn klettert von der wackligen Leiter herunter und zieht eine Zeichenrolle und Wachsmaler aus ihrer Reisetasche.

„Hier", sagt sie. „Leg los. Wir brauchen dringend ein echt cooles Wandgemälde. Ich habe doppelseitiges Klebeband, damit befestigen wir dein Kunstwerk an einer freien Wand. Ich fände es ja auch total abgefahren, wenn du einfach direkt auf die Wand malen würdest. Aber die ist ja frisch gestrichen, ich glaube, da kriegen wir mega Ärger."

Ohne Annis Antwort abzuwarten, rollt sie das Papier auf dem Holzboden aus und drückt ihr die Stifte in die Hand. „Deine Hand führen kann ich leider nicht", sagt sie. „Das wird sonst nur Krickelkrakel, wie du weißt. Ich kann Geschichten erfinden, vor allem Ausreden, aber Malen ist echt nicht mein Ding."

Endlich kommt Leben in Anni. Sie muss zugeben, dass Lynns Idee richtig genial ist. Ohne lange zu überlegen, legt sie los. Wenn sie schon nicht mehr zur Blumenwiese zu den Wildpferden laufen und mit Ponyherz gemeinsam Wasser aus dem Bach schlürfen kann, dann holt sie sich ihre schönen Erinnerungen doch einfach ins Internat! Ihre Hand fliegt nur so über das leere Papier und füllt es mit einer Zeichnung von Ponyherz. Er galoppiert mit Anni auf seinem Rücken in den Sonnenuntergang.

„Fertig!" Stolz guckt Anni hinauf zu Lynn, die inzwischen wieder in Zirkusmanier auf der Leiter herumbalanciert. Auch Lynn ist mit ihrer Deko weitergekommen. Anni muss zugeben, dass es eigentlich sehr nett aussieht. Ihre Freundin hat sogar den Lampenschirm ausgetauscht.

Plötzlich muss Anni total loslachen. „Wie hast du den ganzen Kram denn in deine Taschen gekriegt? Vielleicht wie Mary Poppins, die eine Sache nach der anderen aus ihrer bodenlosen Handtasche zaubert?", fragt sie.

„Tja, ich hab halt magische Fähigkeiten", antwortet Lynn grinsend. Dann steigt sie von der Leiter herunter. „Wow, Anni!", ruft sie begeistert. „Du bist ja eine echte Künstlerin. Das ist einfach großartig. Das könnte in einem Museum hängen, ganz ehrlich. Wetten, du wirst mal eine berühmte Malerin?"

Verlegen zuckt Anni mit den Schultern. „Weiß nicht. Klar, ich zeichne gerne. Ich könnte mir vorstellen, später Comics zu machen. Oder Bücher zu illustrieren." Anni grinst. „Mit Pferden natürlich!"

Lynn kramt das Klebeband aus ihrer Reisetasche. „Ich weiß schon ziemlich genau, was ich werden will", sagt sie. „Architektin fände ich super. Entweder um Häuser zu bauen oder um Räume einzurichten, so wie den hier. Mama möchte gerne, dass ich Jura studiere, weil sie das so gerne gemacht hätte. Dabei geht es ja nicht um Mama, sondern um mich. Papa findet alles gut, was Spaß bringt. Geld, sagt er, ist nicht wichtig. Aber das stimmt ja auch nicht. Meinst du, mit Zeichnungen kann man richtig viel Geld verdienen?"

Anni weiß keine Antwort darauf. „Keine Ahnung, und vielleicht werde ich ja auch doch was ganz anderes."

Sie befestigen das Klebeband an der Wand und fixieren das Gemälde darauf.

„Einfach der Hammer", sagt Lynn. „Ich bleibe dabei: Das ist dein absolut größtes Talent. Meine Oma in Irland sagt, dass man nur das werden soll, wofür man eine Begabung hat. Das ist bei dir ja schon ewig superklar."

Sie tritt ein paar Schritte von der Wandzeichnung zurück und betrachtet das Bild. „Soll ich dir was sagen? Die Stimmung auf dem Bild ist voll echt. Man könnte meinen, du wärst wirklich schon mal auf einem Wildpferd in die Abendsonne geritten. Romantischer geht's ja gar nicht mehr." Sie umarmt Anni stürmisch. „Meine beste Freundin ist ein Genie!"

„Jetzt krieg dich aber mal wieder ein", sagt Anni. Doch sie findet die Zeichnung selbst ziemlich gut gelungen. Seit sie das Bild gemalt hat, fühlt es sich ein bisschen so an, als wäre Ponyherz wieder in ihrer Nähe. Plötzlich meint sie sogar, das Wildpferd wiehern zu hören. Anni schaut aus dem geöffneten Fenster hinüber zum Wald und wünscht sich so sehr, Ponyherz würde dort am Waldrand auftauchen.

Doch stattdessen sieht Anni eine schwarze, ziemlich edle Limousine auf den Hof einfahren. Sie hält direkt vor der Pforte und ein echter Chauffeur steigt aus.

Neugierig macht Anni das Fenster weiter auf und beugt sich gemeinsam mit Lynn hinaus.

Der Chauffeur öffnet die Beifahrertür und reicht einer elegant gekleideten Dame zum Aussteigen die Hand.

„Krass. Dagegen sehen die Kleider von Frau Wittenberg aus wie billige Arbeitsklamotten", kichert Lynn.

Der Chauffeur hilft nun einem Jungen aus der hinteren Autotür. Jetzt wird es echt verrückt: Der Junge ist genauso schick gekleidet wie die Dame. Er trägt einen Anzug mit Schlips!

Die Dame trippelt auf ihren hohen Schuhen auf das Schulgebäude zu, während der Junge stehen bleibt und den Kopf etwas schräg hält, als würde er lauschen.

„Mama!", ruft er. „Mama, hörst du das nicht? Ein Pferd wiehert. Ein Pferd …"

„Was du wieder alles zu hören meinst", antwortet die Frau mit leicht gereizter Stimme. „Jetzt komm schon, Harvey. Wir sind spät dran."

Der Chauffeur reicht dem Jungen den Arm und sie spazieren der eleganten Dame folgend ins Haus.

Das ist also Harvey? Lorenz tut Anni jetzt schon leid, weil er ein Zimmer mit diesem Schlips-Typi teilen muss, der sich von einem Chauffeur ins Haus bringen lässt. Ob sie Frau Wittenberg doch dazu überreden kann, in ihrem Zimmer ein drittes Bett aufzustellen? Platz gäbe es genug und Anni würde sogar auf ihren großen Schreibtisch verzichten. So ein vornehmer Junge wie Harvey möchte doch sicher sowieso lieber alleine wohnen.

„Der arme Lorenz", seufzt Lynn.

Anni nickt zustimmend.

Beim Abendbrot taucht Harvey nicht auf. Er soll eigentlich am selben Tisch wie Anni, Lynn, Lorenz, Pia und Bine sitzen. Melli ist zum Glück an einem der anderen Tische untergekommen. An jeden passen nämlich immer nur sechs Stühle.

„Harvey kommt erst später, hat mir Pieter gerade gesagt", berichtet Lorenz ungefragt. „Er isst zusammen mit seiner Mutter, die erst morgen abreist. Ich hab ihn noch gar nicht gesehen."

Anni verzieht den Mund, um etwas Schnippisches zu sagen, überlegt es sich aber im letzten Moment. Lorenz wird schon selbst herausfinden, was das für ein Typ ist. Die Familie scheint ja stinkreich zu sein. Wer kann sich sonst einen Chauffeur leisten?

Beim Essen geht ihr immer wieder durch den Kopf, dass Harvey ein Pferdewiehern gehört haben will. Ob das sein kann? Irgendwie macht der Gedanke daran sie ganz kribbelig.

„Sind die Pferde inzwischen schon da?", fragt sie Lorenz, als sie Teller und Besteck auf den Geschirrwagen stellt.

Lorenz schüttelt den Kopf und will gerade noch etwas sagen, doch im selben Augenblick pingen ihre beiden Handys.

Lust auf eine geheime Party? Zur Geisterstunde bei Pia.

Anni guckt überrascht. „Echt jetzt?", fragt sie ungläubig und schaut sich nach Pia um.

Statt zu antworten, zwinkert Pia nur.

„Voll cool, Pia!", ruft Bine. Auch sie hat anscheinend eine Nachricht bekommen.

„Man sieht sich. Ich habe noch einiges zu tun." Ohne ihr Geschirr abzuräumen, verschwindet Pia grinsend aus dem Speisesaal.

„Das ist ja wieder mal typisch!", ruft ihr Lynn hinterher.

Eilig packt Bine Pias Teller auf ihr Tablett.

„Lass dich nicht immer so ausnutzen", sagt Anni und verzieht sich mit Lynn aufs Zimmer.

Liebster Ponyherz!

Meine erste Mitternachtsparty! Mehr als verrückt.
Pia hat mich eingeladen. Ich glaube, jetzt ist
unser Kriegsbeil tatsächlich endgültig begraben.
Das ist genauso wie in den Büchern, die ich in
den Sommerferien über Internate verschlungen
habe. Ich wette, es gibt jede Menge ungesunder
Leckereien und sogar Cola. (Was eigentlich gar
nicht erlaubt ist hier. Alles voll gesund, was wir
zu essen kriegen.) Ich bin schon megagespannt
und werde dir berichten.
Verrückt ist auch, mit was für einem Jungen
Lorenz sein Zimmer teilen muss. Er hat einen
ungewöhnlichen Namen - Harvey. Armer Lorenz,
hoffentlich

„Anni, was schreibst du da eigentlich immer?" Lynn reißt ihr
das Tagebuch aus der Hand und tut so, als wollte sie es öffnen.
„Hey, lass das!" Anni hechtet Lynn hinter-
her und erobert ihr Tagebuch zurück.
Lynn lacht. „Alles gut. Ist doch nur ein
doofes Tagebuch. Guck mal, was soll ich
heute Abend zu der Party anziehen?"

„Nichts ist gut", faucht Anni.

Jetzt wird Lynn sauer. „Du spinnst doch! Es interessiert mich eh nicht, was du in dein ach so geheimes Buch schreibst."

„Na, so ein Glück, ich würde es dir sowieso nicht zeigen!", schnappt Anni zurück. Sie rennt aus dem Zimmer und knallt die Tür hinter sich zu.

Lynn reißt die Tür wieder auf. „Beste Freundinnen haben keine Geheimnisse voreinander!", ruft sie Anni hinterher.

So ein gequirlter Quark! Wenn Lynn wüsste, was für ein riesengroßes Geheimnis Anni vor ihr verbirgt. Eines, das sie nur mit Lorenz teilt.

Ponyherz!

Anni kann sich gar nicht beruhigen. Sie hätte nicht gedacht, dass es bereits am ersten Tag so kracht zwischen Lynn und ihr. Geheimnisse müssen Geheimnisse bleiben können. Auch zwischen besten Freundinnen.

Sie läuft hinunter in den Hof und setzt sich vor einen der leeren Ställe. Hier werden bald die Alpakas einziehen. Auch Ponyherz hat mal Freundschaft mit einem Alpaka geschlossen, das einsam war.

Ach Ponyherz, denkt Anni. Ich würde dir gerne alles zeigen und du könntest dann mit deinem Kopf nicken und es schön finden oder eine bessere Idee haben. Werde ich ohne dich überhaupt klarkommen?

Ihr fällt der schöne Satz ein, den ihre Lehrerin Sonja in ihr Freundschaftsbuch geschrieben hat.

Trage die Schritte deines Pferdes im Herzen und du wirst den richtigen Weg gehen.

Wieder muss Anni ein paar Tränen aus ihrem Gesicht wischen.

Ob es ihr gelingen wird, irgendwann an Ponyherz zu denken, ohne dass sie weinen muss?

Sie schaut in den dunklen Wald. Auf einmal hat sie das Gefühl, dass Ponyherz nach ihr ruft.

Geisterstunde

„Da bist du ja endlich, Anni!", flüstert Pia und zieht Anni freudestrahlend ins Zimmer. Lynn, die hinterherhuscht, wird nur mit einem leichten Kopfnicken begrüßt.

Typisch Pia mal wieder! Zum Glück hat Lynn eine echt dicke Haut – solange es nicht gerade um Annis Geheimnisse geht. Es kümmert sie einfach nicht, ob Pia sie mag oder nicht. In solchen Momenten findet Anni ihre Freundin wirklich cool. Ziemlich uncool ist allerdings, dass Lynn immer noch sauer ist, weil Anni ihr Tagebuch nicht herzeigen wollte. Seit dem Streit nach dem Abendbrot haben die beiden nur ein paar Sätze gewechselt.

„Eine echt crazy Idee, gleich in unserer ersten Nacht eine Party zu machen. Ich musste vier Wecker stellen. Nach dem ganzen Begrüßungs-Trara war ich völlig fertig", sagt Lynn. Aber sie liebäugelt bereits mit dem Berg Erdnussflips, Paprika-Chips und der Cola-Kirsch, die Pia einladend auf einem überdimensional großen Schreibtisch unter dem Fenster aufgebaut hat. Und das ist noch lange nicht alles. Es gibt auch sonst jede Menge Süßes. Anni fallen sofort die Schoko-Lutscher in Pferdekopf-Form auf. Der Kopf ist aus dunkler Schokolade, die Mähne aus weißer.

„Hab ich extra von zu Hause mitgebracht", sagt Pia. „Bedien dich, Schokolade macht dich wieder fit." Sie reicht Lynn einen Lutscher und nimmt sich selbst auch einen.

Anni unterdrückt ein Gähnen. Das lange Warten auf die Party war echt anstrengend.

„Ich war gar nicht müde", meldet sich Bine zu Wort. Sie sitzt mit Melli auf einem blütenweißen Sofa. Melli trägt wieder die Beanie-Mütze und ist in einen pink-weiß gestreiften Jogginganzug geschlüpft. Sie sieht wie eine riesige Zuckerstange aus, findet Anni.

„*Wir* waren nicht müde", verbessert Melli ihre Zimmergenossin und legt vertrauensvoll ihren Arm um Bines Schulter. Anscheinend hat sie Bine schon völlig in Beschlag genommen.

Anni schaut sich neugierig in Pias Zimmer um. Es ist mindestens so groß wie Annis und Lynns Zimmer, aber deutlich schicker eingerichtet. Die Möbel sind weiß lackiert und an den Schubladen der hohen Kommode stecken goldfarbene Knäufe zum Aufziehen. Der Schrank reicht bis unter die Decke und man braucht eine kleine Leiter, an der man bis nach oben gelangt. Und an der Wand steht eine nagelneu aussehende

Anlage mit riesigen Boxen, die für Partystimmung sorgen soll. Im Augenblick geht leider nur Taylor Swift auf Zimmerlautstärke.

„Meine Mutter hat es ein wenig übertrieben mit der Einrichtung. Aber sie wollte, dass ich mich wirklich wohlfühle." Pia ist Annis Blick gefolgt und wirkt tatsächlich ein wenig verlegen.

„Bisschen unpraktisch, das viele Weiß", sagt Lynn und zeigt auf das Sofa. Sie stopft sich eine Handvoll Erdnuss-Flips in den Mund. „Kommt Lorensch gar nischt?"

Im selben Moment klopft es und Lorenz taucht mit zwei fremden Mädchen auf, die sich wie ein Ei dem anderen gleichen. Sie haben lange braune Haare, die zu hohen Pferdeschwänzen gebunden sind, und sie tragen haargenau die gleiche Kleidung: dunkelrote Jeans, weiße Sneaker mit Nietenverzierungen und weiße Cowboyhemden mit Fransen.

„Hallo, Ella und Greta!", ruft Pia erfreut. „Und hey, Lorenz. Ich dachte schon, du kommst gar nicht."

„Tschuldigung. Erst sind heute Abend überraschend die Shettys angekommen – einen Tag früher als geplant – und ich habe Pieter geholfen, sie in den Stall zu bringen. Und dann ist Harvey aufgetaucht und hat seine Sachen ausgepackt. Es dauerte eine halbe Ewigkeit, bis ich mich verdrücken konnte. Ich dachte echt, er bleibt die ganze Nacht wach. Er hat mir ein Loch in den Bauch gefragt: über Pieter und das Internat und überhaupt.

Erst als er eingeschlafen war, konnte ich mich davonschleichen. Auf dem Weg hierher habe ich die Mädels getroffen."

„Genau, wir wurden auch zu Pias Geisterstunde-Party eingeladen", sagt eins der Cowboyhemd-Mädchen.

„Geister sehe ich hier aber nicht. Dafür ist der Sound krass." Lorenz nimmt Pias Anlage genauer unter die Lupe.

„Ella und Greta, nice, dass ihr auch da seid", sagt Melli erfreut. „Wir waren auf derselben Schule in der Kreisstadt. Sie sind Zwillinge", erklärt sie. «Greta war mal in meinen Bruder Raffi verknallt.»

Pia zieht die linke Augenbraue hoch und Anni hat plötzlich das Gefühl, dass auch sie von Pinkie genervt ist.

„Zwillinge?", sagt Pia gespielt überrascht und spöttisch. „Hätte ich ohne deine Info niemals im Leben bemerkt, Melli. Das doppelte Lottchen hat mal eine Schnupperreitstunde bei uns auf dem Hof gemacht. Die beiden sind cool. Deshalb sind sie hier."

Die Zwillinge kichern geschmeichelt und quetschen sich zwischen Melli und Bine auf das Sofa.

„Dann sind wir ja jetzt komplett", sagt Pia zufrieden.

„Und wer von euch ist wer?", fragt Lorenz.

Die Zwillinge kichern schon wieder. „Gute Frage, nächste Frage", sagen sie im Chor.

„Ich weiß es!", ruft Melli. „Ella hat eine lila Haarsträhne. Das dürft ihr aber nicht den Lehrern verraten."

Anni nickt anerkennend. „Sehr coole Idee." Sie reicht Lorenz ihr Glas. „Willst du meine Cola? Ist mir zu süß." Den spöttischen Blick von Beanie-Girl ignoriert sie. „Erzähl doch mal was von den Shettys."

Lorenz nimmt einen Schluck Cola. „Robert, Pieters neuer Pferdepfleger, hat sie abgeholt. Eine ziemlich lange Fahrt war das für sie, zum ersten Mal in einem Transporter."

Annis Müdigkeit ist wie weggeblasen. „Und wie sehen sie aus?"

„Sie heißen Mary und Bob", sagt Lorenz und nimmt noch einen Schluck Cola. „Und sie sind total entspannt. Du würdest sagen: süß. Man merkt, dass sie von ihren vorherigen Besitzern sehr gut behandelt wurden. Ausnahmsweise keine Problempferde. Das wird spaßig mit ihnen. Mary ist windfarben und Bob ein Fuchs." Seine Augen leuchten vorfreudig.

„Und das heißt was …?" Melli knabbert leicht gelangweilt an einem Schoko-Lutscher.

Die Zwillinge knipsen mit den Fingern wie im Unterricht.

„Fuchs bedeutet, dass das Fell rotbraun ist. Und windfarben sind Pferde, deren Fell braun ist, mit einer silberfarbenen Mähne!", ruft Greta.

„… und mit einem silbernen Schweif", fügt Ella hinzu.

„Super erklärt", sagt Lorenz anerkennend. „Kennt ihr euch mit Pferden aus?"

Die Zwillinge nicken.

„Unsere Mutter war früher Turnierreiterin und wir sind auch ganz viel geritten", erzählt Ella. „Aber dann mussten unsere Eltern das Turnierpferd verkaufen, weil die Firma unseres Vaters pleitegegangen ist. Voll schade."

Anni hört ihrer Stimme an, wie traurig sie immer noch darüber ist. Sofort ist ihr Ella sympathisch. „Dann könnt ihr im Internat ja wieder mit dem Reiten anfangen", sagt sie tröstend. „Wir kriegen bald richtige Reitpferde." Die Zwillinge lächeln Anni an.

„Ich heiße übrigens Anni. Und das Mädchen da drüben, das gerade die Flips alle macht und heute Nacht tierische Bauchschmerzen haben wird, ist meine Freundin Lynn."

Lynn verzieht das Gesicht. „Das *Süßzeug* macht mir keine Bauchschmerzen …", entgegnet sie doppeldeutig.

„Nett, euch alle kennenzulernen", sagt Greta strahlend. „Ich hab voll Lust auf Internat und Tiere. Bei uns zu Hause ist es gerade nicht so lustig. Unsere Eltern streiten ohne Pause." Sie gießt sich Kirsch-Cola ins Glas und trinkt es in einem Zug leer.

„Boah, Leute. Bine und ich finden, wir sollten noch mal was losmachen. Richtig laut Musik hören ist ja wohl nicht, oder?", nölt Melli genervt.

Anni schnaubt wie ein Pony, das niest. „Wenn du willst, dass alle Erwachsenen aus den Betten fallen, schon. Besser, wir machen die Musik ganz aus. Wäre doch echt Mist, wenn wir auffliegen würden."

Pia schnappt sich die Fernbedienung für ihre Stereoanlage. „Anni hat recht. Wir könnten stattdessen Wahrheit oder Pflicht spielen. Wer hat Lust?", fragt sie in die Runde.

Lorenz schüttelt den Kopf. „Auf keinen Fall, das ist doch Mädchenkram. Aber um die Wahrheit zu sagen … Ich hätte gerne ein paar Flips."

Als Pia noch eine weitere Tüte hervorzaubert, grinst er zufrieden.

Bine springt vom Sofa. „Ich habe eine abgefahrene Idee! Lasst uns hinunterschleichen und die Shettys angucken."

Lorenz starrt sie entgeistert an. „Spinnst du? Wenn man uns direkt in der ersten Nacht im Stall erwischt, dann gibt's riesigen Ärger."

Pia schüttelt den Kopf. „Quatsch, wer soll denn merken, dass wir heimlich herumgeistern. Wir können doch total leise sein. Keine Gefahr also. Ich finde Bines Idee gut. Wir machen im Stall ein paar coole Fotos von den Shettys. Was sagst du dazu, Anni?"

Anni zuckt mit den Schultern. „Die Shettys würde ich schon gerne sehen."

„Ich bin auch dafür, muss dringend von dem Süßkram weg", sagt Lynn und hält sich ihren vollen Bauch.

„Jetzt auf einmal doch?", murmelt Anni in sich hinein.

Lynn hat sie trotzdem gehört. „Was geht dich das an?", fragt sie giftig.

Verwundert schaut Lorenz die beiden an. „Alles okay bei euch?"
„Wieso? No problemo", antwortet Lynn. Aber ihr Blick sagt
etwas anderes.
„Dann nichts wie los!", rufen die Zwillinge im Chor.
Lorenz macht ein finsteres Gesicht. „Ich verstehe euch echt
nicht", sagt er. „Wir sind hier, um auf Tiere aufzupassen und sie
zu pflegen und nicht, um nachts eine blöde Fotostory zu shoo-
ten. Die Shettys sind doch gerade erst angekommen, die müssen sich ungestört eingewöhnen."
Melli stöhnt genervt auf. „Was wird das jetzt, bist du die Stallpolizei? Wir wollen nur ein bisschen Spaß haben." Sie wirft sich
in Pose wie ein Model.
„Stopp, Melli", sagt Anni. „Lorenz hat recht. Shooting im Stall
geht gar nicht. Wir dürfen uns die Shettys wirklich nur angucken. Und Lorenz ist nicht die Stallpolizei, er kann sich anscheinend nur besser in Tiere hineinfühlen als du. Warum bist du
denn hier im Internat, wenn dir die Tiere egal sind?" Anni weiß,
dass sie gemein klingt, aber Mellis Art nervt sie schon seit ihrer
ersten Begegnung.
„Na, ganz einfach, ich will Tierärztin werden und später die
Praxis meiner Eltern übernehmen", antwortet Melli und wirft
Anni einen eingebildeten Blick zu. „Hier kann ich schon mal
üben, sagt meine Mutter. Herausfinden, wie Tiere so drauf sind.
Tiere sind super, nur mit Pferden kann ich nicht so gut. Die

sind völlig unberechenbar. Meine Mutter ist mal übel abgeworfen worden. Aber ich kann ja mit kleinen Pferden anfangen. Shettys sind echt sweet und harmlos, sagt auch meine Mutter."

Lynn verschluckt sich fast an ihrem letzten Schluck Kirsch-Cola. „Täusch dich mal nicht", warnt sie Melli. „Shettys sind die stärksten Pferde der Welt, gemessen an ihrer Körpergröße. Sie können das Doppelte von ihrem Gewicht ziehen. Die riesigen Kaltblüter sind lange nicht so fit. Außerdem sind Shettys zwar gutmütig, aber superschnell gelangweilt und frech. Vor denen musst du dich echt in Acht nehmen."

Melli guckt ungläubig. „Willst du mich jetzt veräppeln, oder was?"

Ella mischt sich ein. „Lynn hat recht. *Unsere* Mutter sagt, Shettys sind wie Teenager. Mal sturköpfig und bockig und dann wieder extrem kuschelig und lieb."

„Was ist denn jetzt, Leute?", fragt Bine ungeduldig. „Schleichen wir uns in den Stall oder nicht?" Sie gähnt laut.

„Jep, machen wir", sagt Pia. Sie öffnet vorsichtig die Zimmertür und lugt hinaus. „Die Luft ist rein", flüstert sie. „Meine Handy-Taschenlampe muss reichen."

Gemeinsam schleichen sie den langen Gang hinunter bis zur Treppe. Das Smartphone spendet nur schwaches Licht. Bereits auf der zweiten Stufe stolpert Bine und tritt auf Mellis Fuß.

„Spinnst du?", jault diese leise auf.

„Pssssst!", zischt Pia. Aber nur einen Moment später stößt sie selbst einen spitzen Schrei auf. „Ah, da unten!" Sie zeigt aufgeregt in die Dunkelheit.

„Was ist denn?", wispert Ella. „Ich sehe nichts."

„Doch, da steht jemand Großes", gibt Greta Pia mit zitternder Stimme recht.

Lorenz schüttelt den Kopf. „Habt ihr Tomaten auf den Augen?", flüstert er. „Das ist doch die Ritterrüstung."

Lynn kichert. „Boah, Leute. Ihr seid solche Angsthasen. Im alten Castle bei meiner irischen Oma ist es viel gruseliger." Sie geht betont locker weiter. Bei jedem ihrer Schritte knarzen die Stufen wie eine ungeölte Kellertür.

„Psssst", zischt Pia wieder. „Leise!"

Ein Angsthase ist Anni eigentlich nicht, aber sie ist trotzdem froh, als sie endlich auf dem Hof stehen.

„Wo wohnen eigentlich die Lehrer?", fragt Greta leise. „Können die uns auch wirklich nicht hören?"

„Über den Ställen sind kleine Wohnungen, die sind extra ausgebaut worden." Lorenz zeigt in die Richtung. „Eine Gangaufsicht wie in normalen Internaten gibt es nicht. Pieter meinte, sie vertrauen uns, dass wir keinen Unsinn machen."

Melli gibt Bine kichernd High Five. „Klappt prima mit dem Vertrauensvorschuss. Vertrauen ist gut, Kontrolle ist besser, sagt meine Mutter immer."

Anni rollt innerlich mit den Augen. Wenn Pinkie redet, würde sie gerne die Ohren nach hinten anlegen, wie Pferde das manchmal tun, wenn sie schlechte Laune haben.

„Ab jetzt gehe ich voran. Seid alle ganz leise – und keine Fotos", bestimmt Lorenz.

Kichernd schleichen sie hinter Lorenz her bis zum Stall, in dem die Shettys einquartiert sind.

Knarzend öffnet er die Stalltür.

Für einen Moment schauen sie sich um und warten ab, ob jemand das Geräusch gehört hat.

Doch alles bleibt still.

Nun legt Lorenz den Zeigefinger auf die Lippen und lotst die

Mädchen zur Box, in der die Shettys vorübergehend schlafen.
Eng aneinandergekuschelt, liegen sie im Stroh.

„Ich dachte, die Shettys schlafen im Stehen", flüstert Ella erstaunt.

„Im Freien tatsächlich, aber heute sind sie einfach erschöpft von der Reise und fühlen sich hier in der Box sicher. Darum haben sie sich wohl ausnahmsweise hingelegt", antwortet Lorenz.

„Krass", sagt Melli und macht schnell ein Selfie mit herausgestreckter Zunge.

Puh, war ja klar, denkt Anni. Aber sie hat keine Zeit, lange genervt zu sein, denn die Shettys sind einfach zu süß und sie ist gleich schockverliebt. „Mary hat ja ein voll wuscheliges Fell!" Im selben Moment fällt Anni die erste Begegnung mit Ponyherz ein. Wie sie mit geschlossenen Augen ihre Wange auf sein Fell gelegt hat. Und wie gut sein Fell nach Wald und Wiese geduftet hat. Was würde sie dafür geben, das noch einmal zu spüren. Anni schließt die Augen und träumt sich für ein paar Sekunden in seine Nähe.

„Ich finde die Fuchsfarbe von Bob total cool", sagt Greta. „Ich wollte mir die Haare in genau dieser Farbe färben, aber unsere Mutter hat es nicht erlaubt. Vielleicht hole ich das hier im Internat einfach nach. Sie kriegt es ja nicht mit." Sie kichert voller Vorfreude.

„Mach einfach", sagt Lynn. „Ich glaube, das steht dir voll."

Plötzlich sehen sie durch das kleine Stallfenster, dass draußen der Strahl einer Taschenlampe über den Hof tanzt.

Anni erschrickt und sucht Lorenz' Blick. Wer kann das sein?

„Schnell, Handylicht aus, Pia", zischt Lorenz. „Und dann alle in der leeren Box nebenan ins Heu legen."

Keine Sekunde zu früh befolgen sie Lorenz' Anweisung. Die Stalltür geht knarzend auf und Schritte und der Taschenlampenschein nähern sich.

Auf halbem Weg zur Box mit den Shettys bleiben die Schritte

und der Lichtkegel stehen. „Hallo? Ist hier jemand?", ruft eine Frau.

Anni kennt die Stimme nicht. Hat sie einen leicht englischen Akzent?

Eines der Shettys schnaubt leise im Schlaf.

„Träum weiter", sagt die Unbekannte. Ihre Stimme ist inzwischen so nah, dass Anni die Luft anhält. Aber die Stimme klingt nett. Plötzlich kitzelt ein Strohhalm Anni ganz furchtbar in der Nase. Bestimmt muss sie jeden Moment niesen.

Zum Glück entfernen sich Schritte und das hüpfende Taschenlampenlicht nun wieder und die Frau verlässt den Stall. Die Tür knarzt erneut und fällt hinter ihr ins Schloss.

„Hatschiii!", niest Anni in ihre Armbeuge.

„Puh, das war verdammt knapp. Aber ist ja noch mal gut gegangen", sagt Lynn in die Dunkelheit und Anni hört die Erleichterung in ihrer Stimme.

„Wer war das?", spricht Anni aus, was alle denken.

Lorenz schüttelt ratlos den Kopf. „Ich habe keinen blassen Schimmer. Hat deine Mutter etwa einen Wachdienst beauftragt, Pia?"

„Niemals", sagt Pia. „Nicht einmal bei uns zu Hause auf Gut Hottenhöh gibt es so jemanden, dabei haben wir dort total wertvolle Pferde."

Lynn guckt beunruhigt. „Aber hier kommt doch niemand ein-

73

fach her und läuft nachts durch den Stall. War das vielleicht eine Pferdepflegerin, die Pieter angeheuert hat?"

Alle rappeln sich auf und Melli befreit ihren Jogginganzug naserümpfend von Strohresten.

„Echt spooky! Aber lasst uns das Rätsel morgen lösen. Ich könnte so langsam ins Bett. Mir reicht der Gruselfaktor für heute", sagt Bine und gähnt.

„Vorher sollten wir aber noch den Stallmief abduschen", sagt Melli streng.

„Auf jeden Fall schleichen wir besser schnell zurück", sagt Lorenz. „Ganz nah an der Hauswand halten, hintereinander, möglichst in gebückter Haltung." Er klingt wie ein Detektiv.

So leise wie möglich öffnet er die Stalltür und alle huschen hintereinander hinaus. Dann schauen sie sich nach rechts und links um, aber die unbekannte Frau ist zum Glück nirgendwo zu sehen und der Hof liegt so still und verlassen da wie vorher.

Als sie im Gänsemarsch davonschleichen, bekommt Ella einen Kicheranfall. „Wie bei den kleinen Strolchen", keucht sie und hält sich die Hand vor den Mund, um nicht laut loszuprusten.

„Da, in der Pappel", sagt Greta plötzlich erschrocken. „Seht ihr den Geier? Der ist bestimmt auf Mäusejagd."

Anni schaut nach oben. Tatsächlich. Unheimlich sieht er im fahlen Licht des Neumondes aus. „Könnte auch ein Vampir sein", flüstert sie.

„Unsinn", widerspricht ihr Lynn. Aber sie hört sich nicht so selbstbewusst an wie sonst und läuft mit den anderen Mädchen ziemlich schnell ins Haus.

Anni hingegen bleibt stehen und hält Lorenz am Ärmel seines Pullovers fest. Sie hat auf einmal das Gefühl, dass irgendwo in der Ferne ein Pferd wiehert. Die Shettys sind es nicht, das Wiehern kommt eher aus Richtung des Waldes. Sie lauscht in die Dunkelheit.

„Anni, was hast du?", fragt Lorenz.

Aber Anni schüttelt nur den Kopf. Sie muss sich das Wiehern eingebildet haben. Sie lehnt sich an ihn und atmet seinen guten Duft ein. Wie früher bei Ponyherz, denkt Anni und muss plötzlich kichern.

„Was ist?", fragt Lorenz.

„Du riechst ein bisschen wie Ponyherz."

„Na, vielen Dank", sagt Lorenz verlegen. „Ich wusste bis jetzt nicht, dass ich ein Pferd bin."

„So ein Blödsinn, bist du ja auch nicht. Es ist einfach ... so vertraut. Du riechst nach allem, was ich kenne."

In diesem Moment schiebt sich eine Wolke vor den Mond und es wird sehr dunkel.

„Wir sollten auch besser rein", sagt Lorenz und seine Stimme klingt ganz rau.

„Nur noch einen winzigen Augenblick", sagt Anni leise. „Du

kannst ruhig schon vorgehen. Ich will noch ein wenig Nachtluft schnuppern."

„Ist gut. Dann schlaf schön, Anni. Und lass dich nicht von der geheimnisvollen Stallwächterin erwischen." Lorenz winkt ihr kurz zu und verschwindet in der Dunkelheit.

Stimmt, vielleicht schleicht die fremde Frau hier doch noch irgendwo herum. Anni atmet ein paar Mal tief ein und aus, schaut zum Wald und denkt an Ponyherz. Wie sehr sie ihr Wildpferd vermisst! Dann dreht sie sich um und will zum Haus zurückgehen.

Aber da steht jemand und versperrt ihr den Weg!

Vor Schreck schreit Anni leise auf.

„Hey, alles gut!" Der Typ packt ihren Arm.

Annis Herz rast wie wild los. „Was soll das? Wer bist du?" Im selben Moment erkennt sie Harvey, Lorenz' Zimmerkumpel. „Lass mich los!"

„Warte doch!" Harvey hält sie im Klammergriff.

Aber Anni reißt sich so heftig los, dass er ins Straucheln gerät. Sie rennt ins Haus, stürzt nach oben zu Lynn ins Zimmer und wirft sich schluchzend auf ihr Bett.

„Was ist denn passiert?", fragt Lynn. Sie hat schon ihren Schlafanzug an, läuft sofort herüber zu Anni und nimmt sie besorgt in den Arm.

„Ich wollte gerade reingehen", weint Anni, „als mir plötzlich dieser Harvey den Weg versperrt hat. Ich hab mich total erschrocken, weil er wie aus dem Nichts in der Dunkelheit aufgetaucht ist."

Anni weiß selbst nicht, was mit ihr los ist. Klar, Harvey hat sie erschreckt, aber normalerweise würde sie deshalb doch nicht so doll weinen? Nur ist heute einfach so viel Neues passiert, dass sie deshalb wohl ganz durcheinander ist.

Lynn guckt entsetzt. „Voll weird, der Typ. Dem musst du morgen gehörig den Kopf waschen." Sie streichelt Anni über das Haar. „Wieso der wohl auch draußen war, so mitten in der Nacht?"

Anni schlingt die Arme um Lynns Hals und schluchzt noch einmal heftig auf. „Bist du mir noch böse wegen heute Nachmittag?"

Lynn schüttelt ihren Kopf. „Du bist halt manchmal eine dumme Nuss. Aber eine ganz liebe. Ich werde einfach auch mit Tagebuchschreiben anfangen. Dann haben wir beide ein Geheimnis."

Und dann halten sich die beiden noch eine ganze Weile innig fest.

Obwohl Anni nach der Aufregung sehr spät eingeschlafen ist, wacht sie heute schon früh auf. Was war das denn gestern für ein verrückter Tag? Sie muss unbedingt alles aufschreiben.

Anni schaut hinüber zu Lynns Bett. Ihre Freundin hat sich die Bettdecke über den Kopf gezogen und schläft noch tief und fest.

Also setzt Anni sich an ihren Schreibtisch, holt ihr Tagebuch und einen der Zeichenstifte hervor und beginnt zu schreiben.

Mein lieber Ponyherz,

das war ein echter Herzklopf-Tag gestern. Ich habe ja schon erzählt, wie es hier im Internat aussieht und welches Gewimmel herrschte. Und dann ging es auf die Party. Pia hatte die Zwillinge Ella und Greta eingeladen, die voll nett sind.

Ich glaube, wir werden Freundinnen. Melli war
aber wieder so unterirdisch drauf und Lorenz
und Lynn haben die ganze Zeit nur gefuttert.
Anfangs war die Party ziemlich langweilig, doch
dann sind wir heimlich runter zu den Shettys
geschlichen und plötzlich wurde es richtig aufre-
gend ... Eine fremde Frau ist mitten in der
Nacht im Stall aufgetaucht! Zum Glück konnten
wir uns gerade noch rechtzeitig vor ihr verste-
cken. Das war aber nicht der einzige Herzklopf-
Moment. Später standen Lorenz und ich noch
einen Augenblick allein draußen, als die anderen
schon wieder im Haus waren. Und ich habe
bemerkt, dass Lorenz fast so gut riecht wie du.
Das finde ich echt schön ... Aber was ich einfach nicht verstehe: warum höre ich ständig
Pferdewiehern?
Ponyherz! Gibt es Dinge, die nur im Kopf passieren? Die Wahrheit ist: Ich wünsche mir einfach
so sehr, dich wiederzusehen ...

Dann zeichnet Anni noch die gruselige Hofszene mit Harvey
für Ponyherz auf.

Lynn dreht sich im Bett herum und Anni verstaut ihr Tagebuch ganz schnell unter ihrem Sitzkissen. Bloß keinen weiteren Streit.

Anni und Lynn sind die Allerletzten, die zum Frühstück in der Pausenhalle auftauchen. Es riecht lecker nach geröstetem Toast. Ella und Greta sind schon fertig und winken ihnen fröhlich zu, als sie aus der Pausenhalle laufen.

Lynn entscheidet sich für ein Brötchen mit Käse und Anni lässt sich von der Küchenhilfe eine Schale mit Cornflakes und Früchten geben. Dann schlurfen die beiden zu ihrem Esstisch, denn da sitzen bereits Pia und Bine, Lorenz und … Harvey.

Harvey guckt in ihre Richtung, tut aber so, als ob er sie gar nicht sähe. Vollpfosten, denkt Anni. Er ist einfach ein Vollpfosten. Wenigstens hat er seinen creepy Anzug mit Krawatte gegen eine normale Jeans, ein blaues Sweatshirt und schwarze Turnschuhe eingetauscht. Dafür haben seine blonden Haare immer noch einen Seitenscheitel wie mit dem Lineal gezogen und er trägt ein gelbes Tuch um den Hals.

„Na, gut geschlafen?", begrüßt Lorenz sie. „Das ist Harvey – Harvey, das sind Anni und Lynn." Er scheint zu spüren, dass irgendwas nicht stimmt, deutet Annis Blick aber verkehrt. „Harvey kann fast nichts mehr sehen", erklärt er. „Wir müssen alle helfen, damit er sich die Wege im Internat schnell einprägt."

Damit hat Anni nicht gerechnet! Sie setzt sich auf den einzigen freien Stuhl, direkt gegenüber von Harvey. Wie krass ist das denn? Der Junge ist so gut wie blind? Dann hat er sie ja auch gestern Nacht nicht sehen können und wollte sie bestimmt gar nicht erschrecken. Aber woher hätte sie das denn wissen sollen? Sie tauscht einen Blick mit Lynn, die genauso überrascht ist.

„Hallo", sagt Anni unsicher zu Harvey und stößt ihren Löffel in die Schale.

„Was isst du denn da? Crunchy?", fragt er, als wäre gestern nichts gewesen.

Anni schüttelt den Kopf. Im gleichen Moment fällt ihr ein, dass er das ja gar nicht sehen kann. „Nee, Cornflakes mit Früchten." Harvey pfeift durch eine Zahnlücke, die Anni erst jetzt bemerkt. „Lecker. So etwas kriege ich zu Hause nie."

„Dann solltest du dir unbedingt welche holen. Komm, ich geh mit dir zum Büfett." Sie steht eilig auf. „Heute pack *ich* mal *deinen* Arm", sagt sie grinsend. Diese Bemerkung kann sie sich einfach nicht verkneifen.

Lorenz guckt ihnen verwundert hinterher.

„Wieso bist du denn gestern mitten in der Nacht draußen rumgegeistert? Ich hab mich voll erschreckt", fragt Anni Harvey, als sie weit genug von ihrem Tisch weg sind und auf das Büfett zusteuern.

„Ich bin plötzlich aufgewacht und hab durch das geöffnete Zimmerfenster ein Pferd wiehern gehört. Das gleiche Wiehern hatte ich auch schon am Nachmittag im Ohr. Da wollte ich einfach wissen, woher es kommt, und hab mich heimlich rausgeschlichen. Aber dann war das Wiehern weg und du warst da." Sein ganzes Gesicht verzieht sich zu Lachfalten.

Anni glaubt ihren Ohren nicht zu trauen. Harvey hat gestern Nacht auch ein Pferd wiehern gehört! War es also doch keine Einbildung?

„Wo kam das Wiehern bloß her?", fragt Harvey.

„Bestimmt war es eins der Shettys", sagt Anni, obwohl sie selbst nicht daran glaubt. „Wenn du willst, besuchen wir sie mal. Voll süß, die beiden."

Die Küchenhilfe lächelt Anni freundlich an. „Ah, du schon wieder. So großen Hunger?"

Anni schüttelt den Kopf. „Nee, mein Kumpel hat auch Appetit auf Cornflakes mit Früchten gekriegt. Also das Gleiche noch mal, bitte."

Harvey schnuppert. „Bitte ohne Kiwis, da sind doch welche dabei, oder? Dagegen bin ich nämlich allergisch."

Anni schnaubt überrascht. „Sag nicht, du kannst Kiwis riechen."

Harvey grinst augenzwinkernd. „Ich bin zwar ein blinder Maulwurf, aber ich habe eine so gute Nase wie ein Spürhund." Jetzt schnuppert er in ihre Richtung.

„Was machst du?", fragt Anni.

„Ich präge mir deinen Geruch ein."

Anni hält sich verlegen den Arm vor die Nase und riecht daran.

„Ich hab heute nicht geduscht", sagt sie entschuldigend.

„Umso besser", antwortet Harvey. „Ich unterscheide die Leute ja nicht an ihrem Deo oder ihrem Duschzeug, sondern an ihrem Körpergeruch. Und der ist mir natürlich nicht immer angenehm."

Ganz schön beeindruckend findet Anni das. „Ich rieche am liebsten Pferde." Sie nimmt seine Cornflakes-Schale und gemeinsam wandern sie wieder zurück zum Tisch.

„Da fällt mir ein: Könnte ich nicht ein Pferd gehört haben, das sich verlaufen hat?", bohrt Harvey nach.

„Unwahrscheinlich", sagt Anni. „Solche Pferde suchen dann ja einen vertrauten Unterschlupf und das wären die Stallungen und der Gutshof. Vermutlich haben deine Ohren dir einen Streich gespielt."

Plötzlich kommt sie sich vor wie eine Verräterin. Sie hat es doch selbst gehört. Warum streitet sie es dann ab? Irgendwie hat sie das Gefühl, dass das Wiehern ihr ganz eigenes Geheimnis bleiben muss.

Die große Uhr in der Pausenhalle zeigt inzwischen fast acht.

„Leute!" Lynn steht auf. „Ab zur ersten Stunde. Ich hasse es, unpünktlich zum Unterricht zu kommen."

Harvey schlingt schnell noch ein paar Löffel Cornflakes runter, dann hakt er sich ganz selbstverständlich bei Anni unter und sie gehen los.

Anni findet, dass es auf den ersten Blick gar nicht auffällt, dass Harvey so stark sehbehindert ist. Er trägt ja nicht mal eine Brille oder benutzt einen Langstock. Und er bewegt sich sehr sicher vorwärts.

Der Klassenraum an der Nordseite des Gutshauses ist der frühere Rittersaal. Davon ist aber nichts mehr zu merken, er ist eingerichtet wie ein ganz normales Klassenzimmer. Die Tische und Stühle sind nagelneu und aus schönem Holz, das gut duftet. Das Beste ist ein riesiges gemütliches Sofa an der Seitenwand mit vielen bunten Kissen, das zum Faulenzen einlädt.

Gleich in der allerersten Stunde erwartet sie eine ganz besondere Überraschung: Pieter taucht mit einer unbekannten Begleiterin auf.

„Guten Morgen!", ruft er fröhlich. „Kaum zu glauben, es geht los, und zwar mit …", er macht eine kleine Pause, „… Samantha Crown! Sie kommt von der anderen Seite des Erdballs, aus

Neuseeland, und sie hat einen außergewöhnlichen Beruf. Wer errät, welchen?"

Anni guckt sich Samantha genau an. Der blonde Pixiehaarschnittpasst perfekt zu ihrem schmalen Gesicht und den meergrünen Augen, die mit dem präzisen schwarzen Lidstrich dunkler wirken, als sie tatsächlich sind. Sie trägt außergewöhnliche Klamotten, ein bisschen wie die Pferdewirte auf Pieters Hof oder die Reitlehrerinnen bei Frau Wittenberg auf Hottenhöh. Ihre Outdoor-Hose ist aus dickem Khaki-Stoff mit ausgebeulten Taschen und ihre Füße stecken in braunen Schnürstiefeln, deren Leder schon recht abgeschrappt ist. Die dunkelgrüne Baumwollbluse schmückt eine silberne Kiwi-Brosche und auf ihrem linken Unterarm hat sie ein großes Delfin-Tattoo. Ob das die Frau sein könnte, die sie gestern Nacht fast im Stall erwischt hätte?

„Jägerin!", ruft Melli. „Mein Vater ist auch Jäger, der hat ähnliche Klamotten."

Anni runzelt die Stirn. Der Vater von Melli ist doch Tierarzt. Wie verträgt sich das denn damit, Tiere abzuknallen?

Samantha Crown lächelt Melli freundlich an. „Hallo, danke für deinen Tipp. Wie heißt du?"

Melli guckt misstrauisch. „Melanie, wieso?"

Frau Crown lächelt immer noch. „Na, weil ich meine Schülerinnen und Schüler gerne kennenlernen möchte. Also, Melanie, du liegst nicht ganz richtig mit deiner Idee. Noch andere Vorschläge?"

Harvey meldet sich. „Ich bin Harvey", stellt er sich vor. „Ich sehe Sie zwar nicht oder zumindest nur Ihre Umrisse, aber wenn Sie aus Neuseeland kommen, könnten Sie eine Schaffarm haben."

Samantha geht hinüber zu Harvey. „Nice to meet you. Du kannst gerne Sam zu mir sagen. Ihr könnt mich alle Sam nennen, das klingt netter als Frau Crown. Eine Schaffarm hatte mein Daddy. Aber ich selbst beschäftige mich beruflich mit …"

„Pferden!", ruft Lynn in die Klasse. „Sie … du bist Pferdewirtin."

Sam lacht. „Fast richtig. Na gut, dann verrate ich es euch jetzt: Ich bin Rangerin. Aufgewachsen bin ich in der Nähe von Christchurch, im Rubicon Valley, das liegt in den Bergen. Eine Rangerin macht das, was ihr hier auch lernen werdet: auf die Natur achtgeben und darauf, dass sich die Tiere in eurer Umgebung wohlfühlen und gesund bleiben. Genau das werden wir in den nächsten Wochen gemeinsam tun. Ins Rubicon Valley kommen regelmäßig Touristen und unternehmen Ausflüge auf Pferden. Diese Trecks führe ich an und gleichzeitig passe ich auf, dass die Leute sich an die Regeln halten, die wir für die Natur dort aufgestellt haben."

Das hört sich ja echt super an, findet Anni. Ein Schulfach, das mal gar nicht langweilig ist.

„Wir werden bei Wind und Wetter draußen sein", sagt Sam.

„Eben wie die richtigen Ranger und Rangerinnen. Und ich hoffe, dass euch das genauso viel Spaß bereiten wird wie mir." Das Handy von Pieter klingelt.

„Handy abnehmen, Handy abnehmen!", ruft Melli begeistert und trommelt auf den Tisch.

„Boah, ist die mal wieder peinlich", zischt Anni Lynn leise ins Ohr.

Pieter nimmt das Gespräch eilig an und wechselt ein paar Worte, dann legt er auf. „Großartig, Kinder, ihr könnt gleich loslegen mit Samantha", sagt er strahlend. „Unsere Lotte, also die Connemara-Stute, und die Hühner kommen jeden Moment an. Es geht also gleich rund draußen. Sam will sicher noch schnell eine Ansage machen, aber ich gehe schon mal vor." Er verschwindet eilig hinaus auf den Hof.

Bevor alle hinterherstürmen, bittet Sam darum, die Namen auf Klebeband zu schreiben und die Streifen an die Kleidung zu patchen.

Das Schild für Harvey schreibt Lynn. „Ich finde es super, dass du hier bei uns auf der Schule bist. Wenn du mal was brauchst oder mit irgendjemandem Stress hast, sag mir Bescheid, alles klar?"

Harvey bedankt sich überschwänglich bei ihr. „Du und Anni, ihr seid schon den ganzen Morgen so nett zu mir. Ich hoffe, das ist nicht der Blinden-Bonus, auf solche Mitleidspunkte habe ich nämlich keine Lust." Er steht auf und strahlt erwartungsvoll. „Ich glaube, ich höre schon die Hühner gackern."

Anni guckt Harvey nachdenklich an. „Sag mal ehrlich", beginnt sie. „Was siehst du denn überhaupt? Ist es immer schwarz um dich herum?"

Harvey schüttelt energisch den Kopf. „Nein, überhaupt nicht. Seltsam, dass ich mit solchen Fragen ständig gelöchert werde. Also pass auf: Ich erkenne Umrisse, hell und dunkel, Licht und Schatten. Nur keine Farben. Aber weil ich früher mal Farben sehen konnte, ist es in meinem Kopf ganz kunterbunt. Ich fantasiere mir die Farben einfach dazu. Außerdem kann ich supergut hören und Sachen durch Fühlen und Tasten unterscheiden. Aber jetzt möchte ich endlich die Hühner sehen. Die machen ja einen enormen Krach. Ich mag Hühner fast genauso gern wie Pferde."

Er marschiert los und Anni folgt ihm eilig und hilft ihm durch die Tür nach draußen. Sie muss ihn unbedingt noch fragen, warum er keinen Langstock benutzt. Der ist doch eigentlich total nützlich.

Harvey hat recht. Die Hühner werden gerade aus dem Lieferwagen entladen und gackern und kreischen um die Wette.

Nachdem sich alle auf dem Hof versammelt haben, gibt Sam Anweisungen, wo die Kisten hingetragen werden sollen und wie man die Hühner darauf vorbereitet, dass sie gleich in die Freiheit entlassen werden. Gar nicht so einfach, und die Hühner verlieren vor Aufregung ganz viele Federn.

Pieter kommt aus dem Stall, in dem die beiden Shettys übernachtet haben. Er ruft Anni zu sich.

„Traust du dir zu, die Shettys auf die Weide da drüben zu bringen?", fragt er. „Wenn gleich die Connemara-Stute ankommt, will ich sie erst mal in den Stall führen, damit sie ein wenig zur Ruhe kommen kann."

Anni nickt eifrig. „Super, das mach ich gern. Halfter anlegen, Führstricke einhaken und dann Abmarsch."

Die Zwillinge kommen herbeigespurtet. „Dürfen wir auch mithelfen?", rufen sie aufgeregt.

„Auf jeden Fall", sagt Anni. „Halfter und Stricke sind eh nicht so mein Ding. Ich mag Pferde am liebsten wild und frei."

Die Rangerin hat das Gespräch mitbekommen und lacht zustimmend. „Das verstehe ich nur zu gut, aber nicht jedes Pferd ist dafür geeignet. Hast du schon mal ein Wildpferd in der Natur gesehen? Die sind wirklich wild und frei."

Anni atmet tief durch. „Na klar", sagt sie so normal wie möglich.

„Bei uns in Groß-Hottendorf gibt es eine Wildpferdherde. Die habe ich oft beobachtet."

Sam guckt überrascht. „Das ist ja wunderbar. Da hast du wirklich etwas sehr Seltenes erlebt und viel Glück gehabt."

Annis Augen füllen sich mit Tränen. „Ja, ich weiß." Sie dreht sich schnell weg, damit Sam ihre Tränen nicht sieht.

Vertrauen

Zum Glück fährt gerade der Pferdeanhänger mit der Connemara-Stute auf den Hof.

Lorenz läuft aufgeregt herbei. „Komm, Anni", sagt er und zieht sie an der Hand hinter sich her.

„Bringt ihr die Shettys ohne mich auf die Weide?", bittet Anni die Zwillinge.

„Kein Problem für uns", antworten die beiden Schwestern im Chor.

Anni nickt zufrieden, sie hat ein gutes Gefühl, die Zwillinge sind schwer in Ordnung.

Anni und Lorenz begleiten den Anhänger, der die letzten Meter im Schritttempo zurücklegt, bis er direkt vor dem Stall hält.

Melli kommt mit zwei Jungs, Rocco und Ben, herbeigestürmt. „Wir kommen auch mit!", ruft sie und klatscht aufgeregt in die Hände. „Ben will ein Video drehen."

„Erst mal Schluss mit dem Lärm", sagt Pieter ungewohnt streng. „Krach in der Nähe von Tieren ist ein echtes No-Go. Die Stute steht nach der Reise enorm unter Stress. Schaut genau zu, dann lernt ihr am meisten. Und Handys sofort in die Taschen, sonst landen sie bei mir."

Anni könnte schon wieder aus der Haut fahren. War ja klar, dass Melli wie immer nur auf Spaß aus ist. Dass die Jungs dabei mitmachen, ist aber neu. Früher, als Rocco und Ben in der Schule mit Lorenz Fußball gespielt haben, hatten sie ihren eigenen Dickschädel.

„Bitte bleibt möglichst im Hintergrund, damit Lotte nicht zu viele neue Leute auf einmal kennenlernen muss", fügt Pieter in Richtung Melli hinzu. „Ihr könnt die Stute gerne in den nächsten Tagen besuchen."

Melli kichert schon wieder albern und stößt Rocco in die Seite. „Wenn du nicht die Klappe hältst, gibt's von mir was auf deine pinkfarbene Mütze", zischt Anni. „Das gilt auch für euch, Jungs."

Ben hat anscheinend keine Lust auf Rumstehen. Er dreht ab und Melli und Rocco folgen ihm. Allerdings nicht, ohne dabei doch noch ein Spaßvideo zu drehen.

Sam und Pieter öffnen die obere Heckklappe behutsam, um die Stute nicht zu erschrecken. Dann lassen sie die Rampe herunter, über die die Stute aus dem Hänger geführt werden soll.

Lotte

„Ruhig, ganz ruhig, Lotte", spricht Pieter mit leiser Stimme.

„Das ist ja ein Goldfalbe", staunt Lorenz. „Das hast du mir gar nicht erzählt."

Pieter schmunzelt. „Na, ein bisschen Überraschung kann es doch auch für dich geben."

Die Stute schlägt ungeduldig mit den Hufen.

Das sieht wie Zappeln aus, findet Anni. „So ist es mir immer im Unterricht bei Frau Grünklee gegangen", lacht sie. „Meine Beine sind irgendwann einfach mit mir durchgegangen."

Pieter nickt zustimmend. „Du hast völlig recht. Lotte ist schwer zu bändigen, eine echte Zappeline. Ich habe aber das Gefühl, aus ihr wird noch ein richtig tolles Schulpferd. Der vorherige Besitzer hatte einfach keine Geduld mit ihr."

Sam öffnet vorsichtig die kleine Tür, die sich vorne am Anhänger befindet. Sie begrüßt die Stute und steigt langsam zu ihr in den Hänger. Dann bindet Sam den Führstrick los, mit dem Lotte während der Fahrt angebunden war.

Anni steht am hinteren Teil des Anhängers, seitlich von der Rampe, sodass Lotte nicht versehentlich in sie hineinrennt.

„Die dunkelbraune Mähne gefällt mir besonders", sagt Anni. Sie würde gerne helfen, Lotte aus dem Anhänger zu bekommen, aber sie weiß nicht, wie sie das anstellen soll. Die Beine der Stute sind bandagiert, wahrscheinlich damit sie sich bei ihrem Bewegungsdrang nicht verletzt. „Hallo, Lotte", spricht Anni in den Anhänger hinein und macht dabei den besänftigenden Tonfall von Pieter nach. „Hier ist es superschön. Du kannst dich ruhig nach draußen trauen. Wir lassen dich auch in Ruhe. Ehrenwort."

Lotte bleibt einen Augenblick still stehen und dreht ihre kleinen Ohren in Annis Richtung.

Anni spürt, wie es auf ihrer Haut zu kribbeln beginnt. „Komm einfach einen kleinen Schritt auf mich zu", sagt sie.

Die Stute denkt nicht daran. Sie zupft stattdessen Futter aus dem Heunetz im Anhänger und beginnt andächtig zu kauen.

Lorenz lacht. „Du bist ja wie ich, Lotte. Mampfen beruhigt mich auch immer, wenn ich Stress habe."

Sie gucken Lotte beim Fressen zu. Schließlich dreht Lotte den Kopf und schaut Anni direkt an.

„So ist es gut. Und jetzt zu mir …", flüstert Anni.

Tatsächlich macht die Stute ein paar vorsichtige Schritte rückwärts.

„Super klappt das!" Anni strahlt.

Die Connemara-Stute wirft den Kopf in den Nacken und schüttelt ihre schöne lange Mähne. Sie streckt das Maul in den Himmel und wiehert freudig.

Nun versucht Sam, die Stute ein paar letzte Schritte rückwärts über die Rampe nach draußen zu führen. Doch Lotte macht plötzlich einen großen Satz nach hinten und reißt sich von Sam los. Noch auf der Anhänger-Rampe dreht sie sich um und galoppiert mitsamt Führstrick in Windeseile davon.

„Halt!", rufen alle im Chor.

Lotte wiehert ausgelassen und trabt über den Schulhof Richtung Obstgarten. Anni läuft der Connemara-Stute hinterher. Sam, Pieter und Lorenz folgen ihnen in einigem Abstand.

Schließlich findet Lotte einen Apfelbaum, der ihr Interesse weckt. Es sind die Augustäpfel, die auch Anni so gut geschmeckt haben. Die Stute bleibt stehen und schnappt sich begeistert einen Apfel.

„Hallo, Lotte", hört Anni plötzlich die Stimme von Harvey.

„Wo kommst du denn auf einmal her? Und vor allem so schnell?", fragt sie. „Du warst doch eben noch drüben bei den Hühnern."

„Geflogen bin ich nicht", antwortet Harvey ein wenig schnippisch.

„Schon klar." Anni grinst. „Und geschwommen wohl auch nicht." Sie kann die Verwunderung in ihrer Stimme nicht verbergen.

„So ist es", sagt Harvey. „Ich habe nämlich zwei funktionierende Beine. Einfach die Ohren aufsperren und lospesen. Das klappt eigentlich immer." Er streckt die Arme aus. „Darf ich?"

„Was meinst du?", fragt Anni.

„Ich will mir den Führstrick schnappen", antwortet Harvey.

„Nicht dein Ernst", sagt Anni perplex.

„Doch. Die Stute ist ruhig. Ich spüre es."

Anni überlegt einen Moment. Es ist natürlich eine völlig verrückte Idee von Harvey. Schließlich kennt er sich mit Pferden doch bestimmt nicht so gut aus und ist noch dazu blind. Andererseits wäre es gemein, ihm den Wunsch zu verweigern. Er wird ja merken, dass es nicht klappt, und passieren wird nicht viel, die Connemara-Stute könnte höchstens wieder auf und davon flüchten. „Deal", sagt Anni.

Inzwischen sind natürlich auch Pieter, Sam und Lorenz längst da. Anni sieht, dass Sam auf sie und Harvey zugehen will – bestimmt um zu helfen. Doch Pieter hält sie zurück.

Nun macht Anni einen Bogen um Lotte, damit sie sich nicht erschreckt, und bewegt sich so ruhig wie möglich auf Harvey zu. Aber die Stute schnuppert immer noch völlig begeistert an den knackigen Augustäpfeln.

Anni muss plötzlich seufzen. So oft hat sie für Ponyherz Äpfel stibitzt. Aber am liebsten hat sie sich die Äpfel mit dem Wildpferd geteilt. Einen ersten Bissen für Anni, einen zweiten Bissen für Ponyherz und immer so weiter. Mit Äpfeln hat sie sich das Vertrauen der gesamten Wildpferdherde gewonnen.

„Harvey, aufpassen", warnt Anni ihn.

„Ist doch klar", antwortet er und drückt ihre Hand. „Danke."

Seine schmale Hand fühlt sich weich und warm an. Vollkommen anders als die feste große Hand von Lorenz, der richtige Schwielen auf der Haut hat, weil er so häufig auf dem Pferdeflüsterer-Hof mitarbeitet.

Furchtlos geht Harvey auf die Stute zu. „Komm, Lotte. Zeit, deinen schönen neuen Stall kennenzulernen."

Die Stute nähert sich ihm mit kleinen Schritten. Anni hört Harvey tief ein- und ausatmen.

Schließlich sind sich die beiden ganz nah und Harvey streckt eine Hand aus. Er berührt sanft Lottes Kopf und streichelt sie. Die Stute rührt sich nicht.

Vorsichtig greift Harvey nach dem Führstrick, der an ihrem Halfter baumelt. Lotte schnaubt und sabbert Harvey mit ihrem Maul nass, das vor lauter Äpfeln ganz schaumig ist. Aber das kümmert ihn nicht.

So stehen sich die zwei eine Weile gegenüber, bis Pieter Anni ein Zeichen gibt.

„Lotte riecht so gut“, sagt Harvey leise.

„Ich weiß.“ Anni lächelt und nimmt ihm den Führstrick aus der Hand. „Alle Pferde, die man gernhat, riechen gut. Und Lieblingspferde ganz besonders.“

„Lieblingsmenschen aber auch“, meldet sich Lorenz zu Wort, der bisher alles still beobachtet hat. „Am besten ist es natürlich, wenn sie wie Pferde riechen.“ Er zwinkert Anni zu. „Super gemacht, Harvey“, lobt er dann seinen Zimmerkumpel. „Jetzt geht es aber in den Stall, zum Eingewöhnen.“

Das muss ich heute Abend alles Ponyherz schreiben, nimmt sich Anni vor.

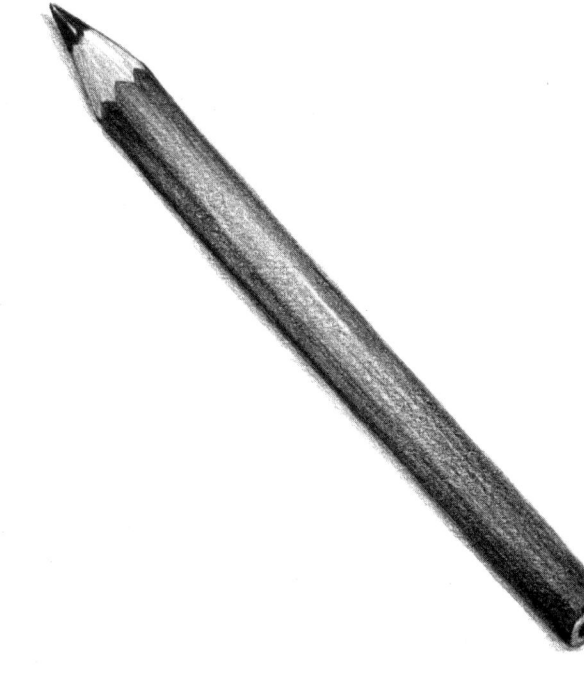

Geheimnisse

„Cooler erster Schultag", sagt Anni begeistert. „Ganz ohne Hausaufgaben und normale langweilige Fächer."
Es ist schon Mittagszeit und sie sitzt mit Lynn und den Zwillingen auf einem Mäuerchen neben dem Stall, in dem Lotte unter-
gebracht ist. Die Connemara-Stute hat sich ohne Widerstand
in ihre Box führen lassen. Wenig später sind ihr die Augen
zugefallen und sie hat eine Weile im Stehen geschlafen. Jetzt
schnaubt sie in ihrer Box munter vor sich hin.
Sam, die gerade vorbeikommt, schnappt Annis Worte auf. „So
ganz werdet ihr euch nicht vor den Hausaufgaben drücken können", sagt sie. „Pieter und ich haben ausgemacht, dass ihr ein
Arbeitsprotokoll in eure Hefte schreibt. Wie würde der Vormittag denn in so einem Bericht aussehen?"
Sie lächelt erwartungsvoll in die ratlosen Mädchengesichter.
„Das ist gar nicht schwer", ermuntert sie ihre Schülerinnen,

„sondern fast wie Tagebuchschreiben. Man kann später im Heft zurückblättern und sich erinnern. So merkt man sich besser, was man gelernt hat."

„Also, ich würde schreiben: lecker gefrühstückt, Sam kennengelernt, mit Hühnern gegackert, Stute Lotte eingefangen, Ställe fertig gemacht, doll dreckig geworden und Mittagspause", sagt Lynn.

Alle lachen und auch Sam kann ein Schmunzeln nicht zurückhalten. „Nicht schlecht", lobt sie Lynn. „Ganze Sätze wären prima. Wer von euch schreibt denn Tagebuch? Diejenige kann uns vielleicht mal einen Blick hineinwerfen lassen … als Inspiration."

Lynn stößt Anni ihren Ellenbogen in die Seite. „Anni hat eines. Aber das ist so megageheim, dass sie nicht mal ihre beste Freundin reingucken lässt. Wer weiß, was sie da Schlimmes reinschreibt …"

Anni rollt mit den Augen. Lynn ist also doch noch ein bisschen beleidigt. Pech aber auch, dass Sam ausgerechnet Tagebuchschreiben als Beispiel für ein Protokoll anführen musste.

Sam guckt nachdenklich. „Es gibt immer gute Gründe, warum man ein geheimes Tagebuch führt. Und in den wenigsten Fällen steht etwas drin, das die beste Freundin kränken könnte. Aber manche Geheimnisse sind so unglaublich, dass man sie mit niemandem teilen kann. Ich habe so etwas schon erlebt und deshalb mache ich euch einen Vorschlag: Ihr geht jetzt nach oben duschen und wir treffen uns gleich in der Pausenhalle. Ich esse mit euch zu Mittag und verrate euch mein geheimstes Geheimnis, als ich so alt wie ihr war. Okay?"

Das lassen sich die Mädchen nicht zweimal sagen. Ein super-geheimes Geheimnis ihrer Lehrerin wollen sie sich natürlich nicht entgehen lassen. Lynn und Anni verschwinden mit den Zwillingen eilig in den Duschen.

„Sam ist voll nett", schwärmt Ella. „So eine Schwester hätte ich gerne."

Greta squeezt Duschgel in ihre Richtung. „Du hast doch schon eine Schwester, Dummidu", beschwert sie sich. „Bin ich dir nicht mehr gut genug?"

Ella schüttelt den Kopf. „Ich meine doch eine ältere Schwester, Dummidi." Sie bespritzen sich gegenseitig mit Wasser.

„Dummidu? Dummidi?" Lynn lacht ungläubig.

„So haben wir uns früher genannt, wir hatten eine richtige Geheimsprache, voll lustig war das", klärt Ella sie auf.

„Also ich wäre froh, einfach nur irgendeine Schwester zu haben. Ob älter, jünger, gleich alt, wäre mir schnurzegal", seufzt Lynn.

„Dafür hast du eine beste Freundin", erinnert Anni sie. „Das ist genauso gut, du Dummitralala."

Sie kichern beide albern und zetteln eine Wasserschlacht an.

Pünktlich zum Mittagessen um ein Uhr sitzen Anni, Lynn und die Zwillinge erwartungsvoll um einen Esstisch. Die Zwillinge haben einfach ihre eigenen Stühle mitgebracht und noch einen dritten für die Rangerin aufgetrieben.

Lorenz begleitet Harvey zum Tisch, aber der besteht darauf, seinen Platz selbst zu finden. „Lass mich das alleine machen", sagt er und schüttelt Lorenz' Hand ab.

„Ja, genau", mischt sich Anni ein. „Wer Connemara-Stuten einfangen kann, findet auch seinen Tischplatz."

Tatsächlich schafft Harvey es ohne große Mühe, sich auf den richtigen Stuhl zu setzen.

Zuletzt tauchen Bine und Pia frisch gestylt auf.

„Was wird das denn?", fragt Bine genervt und schaut die Zwillinge vorwurfsvoll an. „Die Sitzordnung stimmt so nicht. Ihr seid doch bei Melli, Rocco und Ben am Tisch. Voll eng hier." Sie verschafft sich mit ihren Ellenbogen mehr Platz.

„Jetzt dreh mal nicht durch", sagt Anni. „Sam kommt auch noch dazu, dann wird es noch enger. Sie will uns ein Geheimnis verraten. Wenn dir das nicht passt, setz dich woanders hin. Drüben bei Melli ist ja jetzt mehr Platz."

Pia bekommt ganz leuchtende Augen. „Ein Geheimnis? Hat es was mit unserem Internat zu tun?"

Bine ist plötzlich ebenfalls ganz Ohr. „Sag schon, Anni", drängelt sie.

„Wir wissen auch nicht mehr", sagt Anni. „Aber es ist etwas aus Sams Kindheit."

„Na, hoffentlich ist es kein Babykram", sagt Bine schnippisch. Darauf antwortet Anni gar nicht, sondern streckt ihre Nase in die Luft und schnuppert. „Die Suppe riecht köstlich."

Der Vormittag hat alle hungrig gemacht. Deshalb sind die Suppenschalen schon so gut wie leer, als Sam endlich auftaucht.

„Sorry, es kam was dazwischen!", ruft sie bereits von Weitem. „Und jetzt habe ich Hunger wie ein Bär." Sie beugt sich erst mal eine ganze Weile schweigend über die dampfende Suppe, bevor sie den Löffel ablegt.

„So, also mein Geheimnis …" Sie lächelt in die Runde, räuspert sich und trinkt einen Schluck Wasser. „Mit zehn Jahren zogen wir von Christchurch in ein winziges Dorf in der Nähe von Akaroa. Ich durfte nicht allein in der Bucht schwimmen, aber meine Eltern hatten keine Zeit, mich ans Meer zu begleiten. Also brannte ich eines Tages einfach durch. Im Wasser über die Wellen zu treiben machte riesigen Spaß, und ich war so happy, dass ich nicht bemerkte, wie weit ich schon hinausgeschwommen war, und inzwischen hatte ich keine Kraft mehr für den Weg zurück. Da tauchte plötzlich ein Delfin neben mir auf, ich rutschte auf seinen Rücken und er brachte mich ans Ufer."

Bine schaut die Rangerin mit großen Augen an. „Das ist ja irre. Und das ist wirklich nicht erfunden?"

Sam schüttelt lächelnd den Kopf. „Die Geschichte ging sogar noch weiter. Denn am nächsten Tag lief ich wieder davon, schwamm dieses Mal vorsichtiger und mein Delfin tauchte erneut auf. Den ganzen Sommer verbrachte ich mit meinem geheimen Freund im Pazifik, und keinem habe ich dieses Geheimnis anvertraut, außer meinem Tagebuch. Wenn es da nicht schwarz auf weiß aufgeschrieben stünde, würde ich es mir heute wahrscheinlich selbst nicht mehr glauben."

Lynn rührt mit dem Löffel in ihrer leeren Suppenschale herum. „Und wirklich niemand ist dahintergekommen und du hattest niemals Lust, es irgendwem zu erzählen?"

Sam schüttelt den Kopf. „Es war einfach zu verrückt. Wer würde mir denn so eine Geschichte glauben?, dachte ich damals. Ein Delfin als Freund: Das gibt es nur im Märchen. Ich war mir sicher, alle würden mich auslachen. Und vielleicht tut ihr das ja gleich auch." Sie zwinkert in die Runde und trinkt ihr Glas Wasser leer. „Deshalb ist ein Geheimnis zu haben kein Vertrauensbruch, auch nicht der besten Freundin gegenüber."

Sie schaut Anni an. „Du guckst, als wolltest du was fragen."

Anni nickt. Eine Frage brennt ihr tatsächlich auf der Zunge. „Hast du deinen Delfin denn irgendwann wiedergetroffen?"

Sam lächelt und Anni spürt, dass die Rangerin ihren geheimen Delfin gerade vor sich sieht, in ihrer Erinnerung. „Ja, ich glaube schon. Inzwischen ist das aber schon so lange her, dass ich nicht mehr weiß, ob ich mir das Wiedersehen nicht bloß erträumt habe."

Sie steht abrupt auf. „Also, Jungs und Mädchen – bewahrt eure Geheimnisse und lebt eure Träume. Diese Schularche hier ist ein wunderschöner wahr gewordener Traum." Sie steht auf und verabschiedet sich mit einem *Kia ora.*

„Hallo und Tschüss heißt das in Neuseeland", sagt Pia. „Mama war schon mal *Down Under.* Sie wollte auch gerne mit einem Delfin schwimmen. Das war echt voll teuer, aber es hatte keiner Lust mitzukommen."

Anni verkneift sich die Bemerkung, dass sie das nicht wundert. Für Geld mit Delfinen zu schwimmen findet sie ziemlich doof. Aber Sams Geheimnis ist sehr schön und erinnert sie an Ponyherz. Sobald sie wieder im Zimmer ist, will sie weiter Tagebuch schreiben.

„Sam ist eine coole Geschichtenerzählerin", sagt Harvey.

„Ich glaube Sam die Story", sagt Bine. „Klingt doch voll romantisch. Stellt euch vor, der Delfin wäre ein verzauberter Prinz gewesen …" Sie seufzt sehnsüchtig.

„Was fantasierst du denn für einen Kinderquatsch?", empört sich Lynn. „Als Nächstes schreibst du einen Wunschzettel an den Weihnachtsmann, oder wie? Ich vermute, sie hat übertrieben. Delfine sind ja sehr sensibel. Das Tier hat bestimmt gespürt, dass sie ins Lebensgefahr war, und sie deshalb gerettet. Bei Frau Wittenberg haben die Delfine gleich gewusst, dass sie nur fun will, und sind abgehauen."

Lorenz grinst. „Frei nach dem Motto: Take the money and swim", sagt er. „Kann jemand mein Geschirr mit abräumen?", bittet er dann. „Pieter braucht mich dringend bei den Lipizzanern zu Hause auf unserem Pferdehof, hat er gerade getextet. Er will direkt mit dem Jeep los."

„Oh ja, ich komme mit!", ruft Anni.

„Anni, du hast aber versprochen, mit mir über den Hof und durch den Garten zu laufen, damit ich mich besser zurechtfinde, wenn ich mal alleine bin", erinnert Harvey sie.

Stimmt, diesen Wunsch kann Anni ihm schlecht abschlagen.

„Bleib du mal hier, Anni, ich erzähle euch später, was da mit den Lipizzanern los ist", sagt jetzt auch Lorenz.

Anni seufzt enttäuscht, aber Lorenz zwinkert ihr aufmunternd zu.

Bis die Nachmittagssonne verschwindet, spaziert Anni mit Harvey über das Gelände.

„Ich muss jetzt noch mein Protokoll schreiben", schwindelt Anni schließlich, dabei möchte sie in Wirklichkeit endlich ihr Tagebuch aufklappen.

„Alles klar, ich schau noch kurz bei Lotte vorbei", sagt Harvey. „Und morgen gehen wir in den Wald und finden heraus, woher das Wiehern letzte Nacht gekommen ist."

„Wir dürfen nicht allein durch den Wald stromern, nur zu gemeinsamen Ausflügen, so steht es in der Schulordnung", sagt Anni. Sie beißt sich auf die Zunge, weil sie selbst merkt, wie streberhaft das klingt. Warum nur will sie auf keinen Fall, dass Harvey dem Wiehern auf den Grund geht? Wenn Anni tief in ihr Herz horcht, hat sie schon eine Idee, wer da im Wald wiehern könnte. Aber dieser Gedanke ist so abwegig und so, so, so unmöglich, dass sie ihn nicht einmal heimlich zu denken wagt.

„Harvey an Anni, Nachricht gelandet", sagt er mit seltsam heiserer Stimme. „Du hast keinen Nerv, mein Blindenführhund zu sein. Kann ich verstehen, darauf hätte ich auch keine Lust. Ich komm schon allein zurecht." Er schüttelt ihre Hand ab und marschiert los.

„Stopp, Harvey, falsche Himmelsrichtung!", ruft Anni. Sie hält ihn am Ärmel fest.

„Wenn du etwas durchsetzen willst, bist du ganz schön hartnäckig", sagt sie, während sie Harvey zu Lottes Stall bringt. „Und das kann ich nun wiederum verstehen. Vielleicht begleite ich dich ja doch in den Wald. See you later."

Sie wartet noch, bis Harvey im Stall verschwunden ist. Plötzlich tut er ihr richtig leid, obwohl sie sich fest vorgenommen hatte,

ihn nicht zu bedauern. Er hat ja auch schon allen klargemacht,
dass ihn Mitleid nervt. Sie sieht Lorenz lässig aus dem Jeep
springen und ihr Herz macht einen Hopser. Der
Junge ist echt cool, findet sie. Aber das bleibt
erst mal ihr Geheimnis. Lächelnd läuft sie auf
ihn zu – einen kurzen Augenblick kann das
Tagebuch doch noch warten.

Lieber Ponyherz,

stell dir mal vor: Harvey hat die Connemara-
Stute beruhigt und sie mit mir in den Stall
geführt. Er war total einfühlsam, obwohl er sich
mit Pferden eigentlich gar nicht auskennt. Das
hätte dir auch gefallen.
Gerade ist Lynn ins Zimmer gekommen, aber sie
tut so, als würde sie nicht merken, dass ich
Tagebuch schreibe. Sam hat uns nämlich heute
eine Geschichte erzählt: Sie ist früher heimlich
auf einem Delfin geritten! Ich glaube, Lynn hat
jetzt wirklich kapiert, dass es okay ist, wenn ein
Geheimnis geheim bleiben soll.
Sleep well, Ponyheart! Ich hab dich lieb!

In den nächsten Tagen gibt es zur Enttäuschung aller an den Vormittagen nur langweiligen, gewöhnlichen Unterricht. Auch Anni würde viel lieber mit den Shettys auf der Weide herumspringen oder die Connemara-Stute striegeln, aber diese spannenden Dinge sind den Nachmittagen vorbehalten.

„Wir sind eine ganz normale Schule mit Plusfaktor", hat Frau Wittenberg am Morgen beim Frühstück aufgeblasen erklärt. „Als private Schule stehen wir extrem unter Beobachtung."

Also ran an die Buchstaben und Zahlen. „School as usual", sagt der Englischlehrer Mister Grant dazu.

Das heißt „Schuften wie immer" oder so, reimt sich Anni zusammen.

„Schule wie gewohnt, heißt das", schleimt sich Melli beim Lehrer ein. Sie hat eine Übersetzungs-App auf ihrem Handy und guckt heimlich nach, wenn sie etwas nicht versteht.

Ob sie sich davon eine bessere Note verspricht? Es wird nicht lange dauern, bis Pinkie-Girl ihr Handy los ist, prophezeit Anni. Ob sie die Mütze auch nachts aufbehält? Welche Haarfarbe sie wohl hat? Annis Gedanken schweifen immer weiter ab. Möglicherweise strohblond, weil sie nichts als Stroh im Kopf hat, überlegt Anni ein bisschen gehässig. Vielleicht lässt sie die Mütze ja auf, weil sie Angst hat, dass die Shettys sie sonst anknabbern.

Doch dann bringt ein Spruch des Lehrers Anni zurück in die Englischstunde. Mister Grant ist tatsächlich so lustig, wie sein Schoko-Witz vom Kennenlerntag vermuten ließ. Der Sprachunterricht bei ihm macht richtig Spaß. Heute lässt er seine Schüler kleine Storys aus dem Englischbuch vorspielen, wie ein Mini-Theaterstück, richtig cool. Selbst als die Hühner plötzlich durch die offenen Fenster ins Klassenzimmer fliegen, über die Tische flattern und ein paar fette Kleckse Hühnerkacke auf Mister Grants Kalender hinterlassen, bleibt er ganz locker.

„One egg more for me tomorrow, guys, in satisfaction!", ruft er den Hühnern zu.

„Was so viel heißt wie: Da ist morgen auf jeden Fall ein Extra-Ei für mich fällig, als Wiedergutmachung", übersetzt Melli *quickly*.

Anni kriegt so einen Lachanfall, dass die Hühner vor Schreck überstürzt nach draußen flüchten.

„Die armen Hühner!", ruft Harvey empört. „Hör doch mal auf zu lachen, Anni." Er steht auf und tastet sich zur Tür hinaus.

„Harvey? No! Bleib bitte hier, der Unterricht goes on."

Harvey schüttelt energisch den Kopf. „First I have to check if the chickens are well, Sir", antwortet er in fehlerfreiem Englisch.

„Er muss erst gucken, ob die Hühner okay sind", übersetzt Melli für alle.

Anni rollt mit den Augen. „Das hätte ich auch so verstanden."

Wirklich mutig, dieser Harvey. Er lässt sich anscheinend nichts sagen, denkt sie. Dabei sieht er so harmlos aus. Bine hat schon überall verbreitet, dass er unter seinem gelben Halstuch einen Knutschfleck verbergen will. Melli dagegen behauptet, es wäre ein Lätzchen. Beides ist natürlich völlig bescheuert.

Mister Grant jedenfalls ist *not amused*. Und was das bedeutet, kann Anni wieder ganz ohne Pinkies Hilfe übersetzen.

Nun springt auch noch Lynn auf. „Go, Harvey!", ruft sie und setzt ihm nach.

Mister Grant seufzt tief und beginnt mit dem Tafellappen seinen Kalender sauber zu rubbeln. Dabei schüttelt er die ganze Zeit den Kopf und brummt „such chaos, such chaos".

Anni schickt Melli einen warnenden Blick. „Untersteh dich zu übersetzen. Wir sind ja nicht doof."

„Na gut, es ist ja eh gleich Mittagspause. Homework!", ruft Mister Grant schließlich. Er nimmt die Kreide und schreibt ein paar Seitenzahlen an die Tafel. „Diese Texte bis morgen auswendig lernen – by heart", sagt er. „See you later, alligators." Zum Glück grinst er nun wieder ganz entspannt, packt seine Sachen und verschwindet.

„Auswendiglernen ist doch was für Kleinkinder", mault Melli ihm so leise hinterher, dass er es nicht mehr hört.

Anni macht sich auf die Suche nach Harvey, Lynn und dem Federvieh. Sie findet die Ausreißer auf der Wiese, wo sie eine Menge Spaß zu haben scheinen. Lynn wälzt sich durch das hohe Gras und kräht und gackert abwechselnd. So kennt Anni ihre Freundin gar nicht.

„Anni, komm her, voll lustig!", kreischt sie. „Wir lernen gerade die Hühnersprache. Das ist doch genau das, was Pieter mit dem Schulkonzept will. Menschen und Tiere sollen sich besser verstehen. Stimmt's, Harvey?"

„Gackgackgooooock", antwortet Harvey. „Gockgock."

Anni schüttelt den Kopf. „Mal ehrlich, tickt ihr noch ganz richtig? Mister Grant war ganz schön abgenervt, weil ihr beiden abgehauen seid."

Lynn guckt Anni vorwurfsvoll an. „*Du* bist doch eigentlich daran schuld, Anni. Weil du so laut gelacht hast. Pieter hat erst vor ein paar Tagen gesagt, dass Tiere keinen Krach vertragen." Sie zieht Anni zu sich runter.

„Ach, und ihr seid gerade weniger laut, oder wie?", fragt Anni grinsend.

„Oh shit!", schreit Harvey plötzlich. „Ich glaube, ich habe mich gerade über ein Ei gerollt." Er setzt sich auf und betastet seinen Rücken. Tatsächlich läuft es gelb seinen Rücken herunter – überall drumherum kleben Eierschalen.

Das verursacht einen neuen Lachanfall bei Anni. „Lecker! Fehlt nur noch eine Prise Salz."

Harvey wischt sich seine klebrigen Finger im Gras ab. „Pech für Mister Grant. Das war sein Extra-Ei als Wiedergutmachung für den Hühnerdreck."

Zum Mittagessen gibt es Bratlinge mit Joghurtdip. Wenn ihr Vater die macht, schmecken sie Anni nie, aber zu ihrer Verwunderung sind diese richtig lecker und Frau Lachner, die heute in der Küche mithilft, freut sich über ihr Lob.

„Es muss nicht immer Fleisch sein. Nächste Woche kochen wir unser Mittagessen gemeinsam", verkündet sie. „Es schmeckt einfach besser, wenn man weiß, was im Kochtopf drinnen ist und wie es zubereitet wurde."

Anni beobachtet, wie Harvey heimlich einen Bratling in eine Serviette wickelt. Sie kann sich schon denken, für wen diese Extra-Ration gedacht ist, und es erinnert sie daran, wie sie selbst Leckereien für Ponyherz und seine Herde zur Seite geschafft hat. Einmal hat sie alle Bio-Möhren an die Wildpferde verfüttert und ihre Mutter konnte den Möhrenkuchen für Papas Geburtstag nicht mehr backen. Ach Ponyherz, Ponyherz, Ponyherz, saust es schon wieder durch ihren Kopf.

„Na, Kumpel!" Lorenz kommt als Letzter an den Esstisch und gibt Harvey einen Knuff. „Wo hast du denn so gut Englisch gelernt? War ja krass, dass du vorhin einfach abgehauen bist."

Harvey zuckt mit den Achseln. „Wenn es um Hühner geht, hält mich niemand auf. Und Englisch hab ich schon vor ewigen Zeiten gelernt. Mein Vater kommt aus Irland."

„Nee, oder?", ruft Lynn begeistert. „Meine Großeltern sind auch aus Irland! Ich habe dort eine Weile gewohnt. Mein erstes Pferd hieß Calypso." Sie wird ganz rot vor Aufregung und ergreift

Harveys Hand. „Du musst mir *alles* darüber erzählen. Ich habe mein Englisch schon fast vergessen. Aber vielleicht hast du Lust, mit mir zu üben, damit ich es wieder auffrischen kann."

Lorenz beugt sich grinsend zu Anni rüber. „Ich bin wohl überflüssig", sagt er augenzwinkernd.

„Nicht überall", antwortet Anni etwas zu schnell und wird zu ihrer eigenen Überraschung genauso rot wie Lynn. Huch, was ist denn jetzt los? Bloß das Thema wechseln. „Gibt es Neuigkeiten von den Lipizzanern?", fragt sie.

Lorenz zieht sein Handy hervor und reicht es Anni. „Hier, schau mal, das ist Capriola. Fällt dir was an ihr auf?"

Anni bläht erschrocken die Backen auf. „Sie sieht ganz abgemagert aus und … blass, obwohl das bei Pferden ja gar nicht geht. Was ist mit ihr?"

Lorenz gibt Anni nickend recht. „Sebastian hat erst jetzt erfahren, was wirklich passiert ist. Sie ist anscheinend nicht regelmäßig gefüttert worden und wurde auch geschlagen. Jemand hat sie einfach vor der Pferdeklappe abgestellt. Dort ist sie aufgepäppelt worden und inzwischen sieht sie schon gesünder aus. Aber sie ist noch extrem scheu. Nur mit dem Lipizzaner-Fohlen India, das in der Pferdeklappe geboren wurde, kommt sie klar. Deshalb hat Pieter beide Tiere gekauft. Sie bleiben noch ein paar Tage auf unserem Hof. Sonja und Sebastian kümmern sich um die zwei, bis sie hierherkommen."

Anni scrollt die Fotos entsetzt durch. „Wer macht denn so was? Das ist ja megagrausam. Arme Capriola, arme India. Ein Glück, dass es so was wie die Pferdeklappe gibt."

Pia und Bine schauen neugierig herüber.

„Worüber redet ihr? Was ist eine Pferdeklappe?", fragt Bine.

„Dort können Pferde anonym abgegeben werden, die von ihren Besitzern nicht mehr gewollt werden", erklärt Anni. „Es sind aber nicht immer Tierquäler, die das machen. Oft können Leute auch die Kosten nicht mehr aufbringen und trennen sich von ihrem Tier, damit es in bessere Hände kommt. In der Pferdeklappe werden die Pferde nur erstversorgt und medizinisch gecheckt. Und dann schaut man, dass man ganz schnell tolle Menschen findet, die sich liebevoll um sie kümmern."

Sam, die sich gerade einen Nachtisch vom Büfett geholt hat, schlendert zu ihnen herüber. Lorenz zeigt auch ihr die Fotos von Capriola und sie guckt sie sich genau an.

„Es ist wirklich schrecklich, was mit der Stute passiert ist. Aber ich bin sicher, dass sie sich bei uns erholen wird. Lipizzaner sind Pferde, die besonders gut für Kinder geeignet sind, weil sie ruhig und belastbar sind. Ich hoffe, dass Capriola die schlechten Zeiten schnell vergisst."

„Und wie schön, dass sie sich mit dem Fohlen so gut verträgt", ergänzt Anni. „Oh Mann, ich kann es kaum erwarten, beide zu sehen." Sie erinnert sich an die Zwillingsfohlen in der Wildpferdherde und wie ungestüm sie zusammen gespielt haben. Ponyherz hat die beiden in seine neue Herde aufgenommen.

„Seid ihr mit dem Mittagessen fertig?", fragt Sam. „Dann könnt ihr unsere Lotte ein wenig spazieren führen. Ich glaube, der fällt langsam die Stalldecke auf den Kopf." Sie zwinkert in die Runde. „Aber passt auf, dass sie nicht wieder in die Welt hinausstürmt."

Leichter gesagt als getan, stellen Anni, Lorenz, Lynn und Harvey wenig später fest. Die Stute will sich heute auf gar keinen Fall aufhalftern lassen. Die Anstrengungen der vier bleiben nicht unbeobachtet, natürlich tauchen ausgerechnet Melli und ihre zwei Bodyguards Rocco und Ben im Stall auf. Seit die beiden Jungs Melli kennengelernt haben, sind sie wie ausgewechselt und hängen ständig mit ihr ab. Melli hat sie voll im Griff, findet Anni.

„Habt ihr nicht gesagt, Lotte ist total gechillt?", fragt Melli misstrauisch. „Sieht aber nicht danach aus. Vielleicht sollte man ihr ein Beruhigungsmittel geben, damit sie ein wenig runterkommt."

Lorenz schenkt ihr einen verachtenden Blick. „Boah, also wenn du auch später als Tierärztin so denkst, möchte ich dir nicht mal eine Fliege aus dem Reitstall anvertrauen."

„Dann zumindest Baldriantee", meint Melli beleidigt. „Meine Mutter sagt, der ist ganz harmlos und beruhigt die Nerven. Ich hab vor 'ner Mathearbeit selbst schon mal welchen getrunken."

Im Stallgang kichert es plötzlich. Auch Ella und Greta kommen nun herbeigeschlendert.

„So ein Quatsch. Kräuter wirken bei Tieren doch ganz anders als bei Menschen", sagt Ella und ringelt ihre gefärbte Haarsträhne um ihren Zeigefinger. „Schokolade zum Beispiel ist für Hunde sehr giftig und kann in größeren Mengen sogar tödlich sein. Macht deine Mutter einen Lifehack im Internet, oder was? Die hat ja wirklich zu allem eine *Meinung*." Sie setzt in der Luft Anführungszeichen mit den Fingern.

Melli schweigt finster.

„Hoho", sagt Rocco zu Ella. „Nur weil du ein Cowboy-Outfit hast, kennst du dich mit Tieren wohl kaum besser aus als Melli."

Lorenz stöhnt laut auf. „Jetzt ist es aber mal gut, Leute. Geht für eure Zweikämpfe auf die Wiese. Wir haben hier ein ganz anderes Problem."

Anni nähert sich der Stute langsam, lehnt ihren Kopf gegen ihre dunkle lange Mähne und streichelt sie dabei sanft. „Alles gut", flüstert sie. Dann steigt sie ohne weiter nachzudenken auf einen Strohballen, schiebt sich vorsichtig auf Lottes Rücken und streckt sich lang. Sanft drückt sie ihre Unterschenkel gegen Lottes Flanken.

Für einen Augenblick schnaubt Lotte überrascht. Aber dann setzt sie sich sachte in Bewegung.

„Cool!", ruft Melli ehrlich beeindruckt, „du bist ja wirklich eine Pferdeflüsterin."

Ben zückt sein Handy und folgt der aus dem Stall trabenden Anni mit langen Schritten.

„Abgefahren, was?", ruft Melli in Bens Kameralinse, wofür sie sich einen verärgerten Blick von Lorenz einfängt.

Anni reitet an Sam vorbei, die gerade aus dem ehemaligen Gartenhaus kommt und anerkennend den Daumen nach oben dreht.

„Toll, Lotte!", flüstert Anni, als sie die Stute auf die Wiese lenkt. „Schade, dass uns mein Ponyherz jetzt nicht sehen kann. Ihr zwei würdet euch bestimmt gut verstehen, das spüre ich. Mit Ponyherz wird einem nämlich nie langweilig."

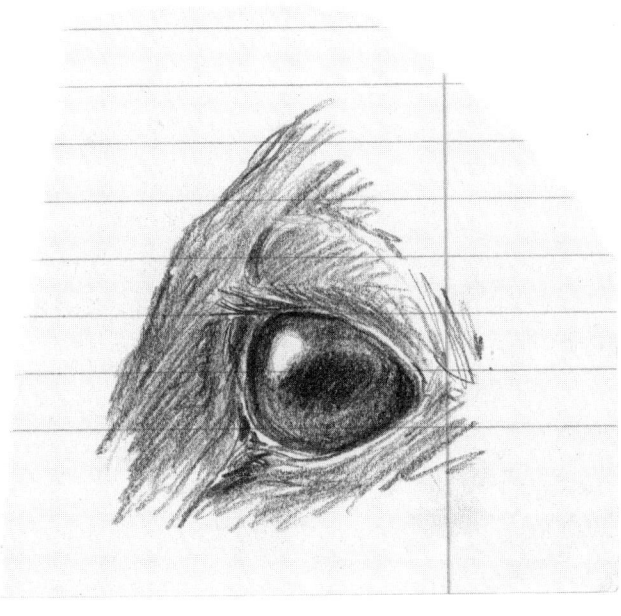

Mein lieber Ponyherz,

du wirst es kaum glauben: Ich bin auf der wilden
Lotte geritten, unserer Connemara-Stute! Sie
wollte sich nämlich keinen Führstrick anlegen
lassen, sollte aber unbedingt an die frische Luft.
Melli und ihr Hofstaat haben Alarm geschlagen
und gestört, als Lorenz und ich die Stute aus
dem Stall führen wollten. Ich habe mich dann
einfach auf Lottes Rücken gesetzt und bin mit
ihr raus.
Wir sind zur Wiese getrabt und Lotte hatte
plötzlich echt Speed drauf. Ich wusste erst gar
nicht, wo ich mich am besten festhalten soll. Sie

ist viel kräftiger als du und ich kam mit den Armen nicht um ihren Hals herum. Also habe ich mich ganz flach auf ihren Rücken gelegt - so wie damals, als du mit mir durchgegangen bist - und habe gehofft, dass ich nicht runterfalle.

Ach Ponyherz. Es war zwar schön, mal wieder ohne Sattel zu reiten. Aber auch so anders, als wenn wir beide unterwegs sind.

Lotte hat erst bei Frau Lachner Stopp gemacht. Sie sammelte gerade essbare Pflanzen für morgen und Lotte hat sich über ihren gefüllten Korb hergemacht.

Die Stute ist echt schlau! Ich musste total lachen, weil Frau Lachner so empört über den Diebstahl war. Aber dann sind die Zwillis aufgetaucht und haben der Lehrerin geholfen, neue Kräuter zu pflücken.

Ponyherz, du Süßer! Ich könnte dich hier gut gebrauchen. Du hättest die Zweibeiner und Vierbeiner alle im Griff, das weiß ich!

Anni verstaut ihr Tagebuch wieder unter ihrem Kopfkissen und schaut zu Lynn hinüber. Irgendetwas stimmt nicht mit ihrer Freundin. Sie liegt auf ihrem Bett und starrt zur Decke.

„Alles okay mit dir?"

Lynn antwortet nicht.

„Hey, geht's dir gut?", fragt Anni lauter.

Endlich dreht sich Lynn um und lächelt sie freundlich, aber auch etwas traurig an. Oder deutet Anni den Blick falsch?

Sie steht auf, geht zu ihrer Freundin rüber, lässt sich neben sie aufs Bett plumpsen und nimmt Lynns Hand in ihre. „Irgendwas ist komisch mit dir. Das ist mir vorhin schon aufgefallen."

Lynn lacht verwundert auf. „Wieso? Ich … ich denke einfach nach."

„Ist es, weil wir nicht mehr bei unseren Eltern wohnen? Ich vermisse sie zwischendurch ziemlich doll. Lars würde bestimmt gerne auf den Shettys reiten …" Und ich gern auf Ponyherz, fügt Anni in Gedanken hinzu.

„Schon okay mit meinen Eltern", sagt Lynn. „Ich denke über Harvey nach und kriege nicht aus meinem Kopf", sie macht eine kleine Pause, „wie er blind geworden ist."

Anni guckt überrascht. „Hat er es dir erzählt?"

„Ja, er hatte einen ganz seltenen Grippevirus, den fast niemand bekommt. Und davon ist er erblindet, kurz nach seinem siebten Geburtstag."

Anni schüttelt den Kopf. „Krass. Ich hab nicht gewusst, dass so etwas passieren kann."

Lynn nickt. „Und seine blauen Augen sind voll schön, oder?"

„Ich habe noch nicht so genau hingeschaut", sagt Anni verwundert.

„Die Augen von Lorenz sind jedenfalls nicht so blau wie die von Harvey", meint Lynn mit einem vielsagenden Blick.

Gerade wird Anni nicht ganz schlau aus ihrer Freundin.

„Es ist schon wieder viel zu spät. Ich mach mich mal fürs Bett fertig. Hoffentlich ist das komische Kribbeln in meinem Bauch morgen weg." Lynn schnappt sich ihre Zahnputzsachen.

„Hast du Bauchschmerzen?", fragt Anni alarmiert.

„Weiß nicht", zuckt Lynn mit den Achseln. „Nee, richtige Bauchschmerzen sind es nicht, eben nur so ein Kribbeln."

Während Anni darauf wartet, dass Lynn aus dem Bad zurückkommt, starrt sie durchs offene Fenster in den dunklen Wald.

Bei Lynn kribbelt es also im Bauch.

Verknallt, nicht verknallt, verknallt, nicht verknallt, verknallt … zählt sie die Baumreihe am Waldrand ab.

… nicht verknallt.

Na also, denkt Anni zufrieden. Alles in Butter.

Plötzlich hört sie es wieder!

Das Wiehern kommt aus dem Wald. Und dieses Mal ist es ganz nah. Annis Herz beginnt heftig zu schlagen.

Auf einmal sieht sie einen Schatten über den Hof huschen. Anni stockt der Atem. Das ist doch Harvey. Ob er das Wiehern auch gehört hat?

„Kannst ins Bad", sagt Lynn, die gerade ins Zimmer zurück-kommt.

Anni weiß in derselben Sekunde, dass sie nichts verraten darf. Lynn würde keinen Moment zögern, Harvey zu folgen. Aber Anni hat bereits einen anderen Plan.

Zum Glück verkrümelt sich Lynn direkt ins Bett. „Gute Nacht, schaltest du gleich das große Licht aus?"

Das ist Anni sehr recht. „Nachti, meine Süße. Träum schön." Sie knipst ihre kleine Bettlampe an und macht die Deckenbeleuchtung aus.

Nachdem Lynn sich wie immer die Decke über den Kopf gezogen hat, nimmt sie leise ihre Stirnlampe aus der Schublade und holt ihren Parka aus dem Kleiderschrank. Nachts wird es schon empfindlich kalt.

Sicherheitshalber wartet sie noch, bis sie Lynn tief und gleichmäßig atmen hört.

Jetzt ist es prima, dass Anni schon einmal in der Dunkelheit nach draußen geschlichen ist. Auf Pias Party, hinunter zum Stall. Sie kann sich noch gut an die knarzende Treppe erinnern und auch an die gruselige Ritterrüstung und schafft es leise auf den Hof. Zum Glück gibt es keinen Bewegungsmelder. Das gehört auch zu dem Konzept des Internats: so wenig künstliches Licht wie möglich, um die Nachttiere nicht zu erschrecken.

Ohne die Stirnlampe anzuschalten, läuft sie zum Waldrand. Dort wird es schlagartig sehr dunkel und unheimlich. Anni bleibt stehen und lauscht in die Nacht. Von Harvey keine Spur. Unmöglich, ihn hier zu finden. Was soll sie nur tun? Sie kann ihn doch nicht im Wald herumirren lassen. Aber wenn sie Pieter weckt, kriegt Harvey bestimmt riesigen Ärger.

Da ist es wieder, das Wiehern!

Und jetzt ist sich Anni ganz sicher. Es ist ein Wiehern, das sie in- und auswendig kennt.

„Ponyherz!" Zum ersten Mal traut sie sich, den Namen des Wildpferdes auszusprechen. „Ponyherz. Wo bist du?"

Tapfer marschiert sie los. Was hat Harvey gesagt, als er allein in den Obstgarten zu Lotte gelaufen ist? Die Ohren aufsperren und lospesen. Und genau das macht sie jetzt.

„Ponyherz! Ponyherz! Ponyherz!", flüstert sie und ihr Herz klopft den Dreivierteltakt dazu. „Ponyherz! Ponyherz! Ponyherz!"

Im selben Moment stolpert sie über eine dicke Baumwurzel und fällt der Länge nach hin. „Mist!" Sie rappelt sich eilig hoch. Ihr Knie schmerzt, aber sie will weiter.

„Anni! Bist du das?"

Anni traut ihren Ohren kaum. Es ist tatsächlich Harvey!

„Spinnst du?", sagt sie ehrlich besorgt. „Das ist doch total gefährlich, allein hier herumzugeistern."

„Und was ist mit dir?", verteidigt er sich. „Das gilt dann ja wohl auch für dich. Ich habe das Wiehern wieder gehört, ganz in der Nähe."

„Ich auch", flüstert Anni.

„Und jetzt?", fragt Harvey.

Auf einmal knackt es im Unterholz von brechenden Zweigen, Laub raschelt.

Annis Augen werden groß, ihr stockt der Atem. „Ponyherz!"

Das kräftige Pferd wiehert begeistert und wirft seine Mähne hin und her. Langsam trabt es an Anni heran und schubst sie sanft mit seinem Maul.

Anni schlingt ihre Arme fest um Ponyherz' Hals und schluchzt in sein weiches Fell. Es duftet so gut nach Holz und Wiesenblumen. Wie sehr hat sie diesen Duft vermisst.

„Ponyherz, mein Ponyherz. Dass ich dich endlich wiederhabe."

Harvey macht sich räuspernd bemerkbar. „Ähm, Erde an Anni. Bitte melden. Klärst du mich bitte auf, was hier passiert? Ich habe gerade ein wenig den Anschluss verloren."

Anni atmet tief durch und versucht sich zu sammeln. „Ich habe gerade meinen besten Freund wiedergetroffen. Meinen geheimen besten Freund. Ein bisschen so wie in der Erzählung von Sam. Erinnerst du dich? Es ist auch ein Geheimnis. *Mein* Geheimnis. Das geheimste Geheimnis überhaupt." Sie presst sich eng an Ponyherz' warmen Bauch.

„Verstehe", sagt Harvey. „Ich würde natürlich gerne mehr erfahren, aber da kann man wohl nichts machen. Jedenfalls weiß ich jetzt, dass ich mir das Wiehern nicht eingebildet habe! Und das geheime Geheimnis riecht sehr gut. Ein bisschen wie du."

Anni muss so heftig lächeln, dass es in ihren Ohren zieht. „Das kann gut sein."

Plötzlich knickt Ponyherz die Vorderbeine ein und lädt Anni ein, aufzusteigen. Gleichzeitig schubst er sie sanft mit seinem Maul. Anni spürt augenblicklich, dass er sie nicht zu einem munteren Ausritt überreden möchte, so wie früher. Das Wildpferd scheint ihr etwas Wichtiges zeigen zu wollen. Etwas sehr Wichtiges. Sonst hätte es seine Herde nicht verlassen, um sie zu holen.

„Harvey, ich muss weg, irgendwas scheint passiert zu sein", sagt sie. „Aber ich verspreche dir, ich hole dich

so schnell wie möglich genau hier wieder ab und bringe dich zurück. Wir finden dich! Schaffst du das?"

Harvey schüttelt entschieden den Kopf. „Ich finde allein zurück. Schon vergessen – Dunkelheit ist für mich kein Problem."

„Super", sagt Anni erleichtert. „Pass aber auf dich auf!"

Mühelos erklimmt sie Ponyherz' Rücken. Es fühlt sich an, als wäre kein Tag vergangen seit seinem Verschwinden. „Ach Ponyherz", seufzt sie noch mal glücklich. „Mein Ponyherz."

Das Wildpferd wiehert laut und schüttelt die Mähne.

Und Anni galoppiert auf seinem Rücken furchtlos hinein in den tiefen Wald.

Ein Fohlen in Not

Nur kurz den Augenblick genießen, wieder auf Ponyherz'
Rücken durch den Wald zu fliegen. Der Nachtwind streicht
über Annis Haar und ihr Herz klopft vor Freude. Wie hat sie
dieses Gefühl der Freiheit vermisst. Es ist schon eine Weile her,
dass Anni sich so glücklich gefühlt hat. Jetzt, da ihr Wildpferd
und sie sich wiedergefunden haben, weiß Anni, was sie vermisst hat. Sie will sich nicht daran gewöhnen, dass Ponyherz
nicht mehr bei ihr ist, dass sie nicht jeden Morgen zu ihm in
den Wald laufen und ihm alles erzählen kann, was ihr auf der
Seele liegt.
Ponyherz, mein Ponyherz! Wir sind wieder eins, für einen winzigen Moment wenigstens.
Ponyherz wiehert freudig und Anni spürt: Er ist genauso glücklich wie sie.
Immer tiefer geht es in den Wald. Vorbei an undurchdringli-

chem Dickicht. Über Stock und Stein, quer liegende Bäume und riesige Wurzeln, die wie Kraken ihre Enden nach ihnen ausstrecken. Bis sie schließlich auf eine kleine Lichtung gelangen, am Rande eines grünen moosbewachsenen Felsens, aus dessen Wand eine muntere Quelle plätschert.

Ponyherz verlangsamt seinen Schritt und trabt vorsichtig weiter, zu einem Bündel, das im Mondlicht nassschwarz glänzt.

Nun schnaubt Ponyherz gleich zwei Mal hintereinander. Zu ihrer Überraschung bewegt sich das Bündel – hebt seinen Kopf.

Anni stockt der Atem. „Ein Fohlen!", ruft sie. „Das ist ja ein Fohlen."

Ponyherz bleibt vor dem Fohlen stehen und stupst es mit seiner Schnauze an. Dabei grummelt er leise, ein Laut, den Anni noch nie zuvor von ihm gehört hat. Er stupst das Fohlen noch mal an. Jetzt schnaubt er wieder und es klingt ungeduldig. Das Fohlen fiept leise, es erinnert Anni beinahe an Weinen.

Anni kann es nicht mehr aushalten auf Ponyherz' Rücken. Sie rutscht hinunter und nähert sich dem Fohlen langsam. Das Jungtier ist noch nicht lange auf der Welt, sieht Anni sogar im fahlen Mondlicht, das sich silbern auf dem Quellwasser spiegelt.

Annis Herz schlägt höher. „Hallo, Kleines", sagt sie. „Ist deine Mama gar nicht hier?"

Das Fiepen des Fohlens wird heftiger. Jetzt stößt es klagende Schreie aus und Ponyherz wiehert verzweifelt.

Anni lächelt das zitternde Fohlen an und streckt ihre Hand aus. Ihre Augen leuchten entschlossen. „Keine Angst. Du bist nicht mehr allein. Wir werden uns um dich kümmern." Sie berührt das Fell und streichelt es sanft. „Komm, steh auf. Das ist ganz leicht." Anni schaut fest in die großen Augen des Fohlens und es hört tatsächlich auf zu schreien.

Nur ein klein wenig stützt Anni das Tier, aber es reicht aus, dass es auf die Beine kommt. Zwar knicken die Vorderbeine gleich wieder ein, doch das Fohlen gibt nicht auf – bis es schließlich zittrig auf allen vieren steht. Wacklig tapst das Fohlen ein paar Schritte zur Quelle und stippt sein Maul ins Wasser.

„Super machst du das", lobt Anni. Sie versucht zu erkennen, ob das Fohlen verletzt ist. Zum Glück entdeckt sie keine Verwundungen, doch das Fohlen scheint schwach zu sein und braucht sicher dringend Nahrung von seiner Mutter. Ohne sie hat es hier im Wald wenig Chancen zu überleben.

„Ponyherz, wo ist die Mutter?", fragt sie.

Ponyherz schnaubt und grummelt aufgeregt, aber leider kann sich Anni keinen Reim darauf machen. „Die Pferdesprache spreche ich leider immer noch nicht", seufzt sie verzweifelt.

Plötzlich hebt das Fohlen den Kopf und stößt einen lauten Ruf aus. Und ganz entfernt hört Anni ein Wiehern. „Ist das die Stute?", ruft sie aufgeregt. Sie gibt Ponyherz ein Zeichen, dass sie aufsitzen will. „Bitte bring mich zu ihr."

Ponyherz versteht Anni deutlich schneller als umgekehrt. Im Nu ist sie auf seinem Rücken und sie traben in die Richtung, aus der das Wiehern kommt.

Und wirklich. Gar nicht weit entfernt entdeckt Anni eine karamellfarbene Stute, die sehr jung und zart aussieht. Als die Stute Anni auf Ponyherz bemerkt, weicht sie erschrocken zurück.

Irgendetwas ist hier schiefgelaufen, ahnt Anni. Ob die Stute ihr

Fohlen absichtlich allein gelassen hat? Sie erinnert sich, dass Pieter mal eine Stute im Stall stehen hatte, die ihr Junges nach der Geburt nicht angenommen hat. Zum Glück ging damals aber alles gut aus. Und dieses Fohlen hier ist ja nicht neugeboren.

Jetzt muss Anni blitzschnell eine Entscheidung treffen. Ponyherz hätte sie nicht geholt, wenn die Stute ihr Junges versorgen würde. Also brauchen beide Hilfe: Stute und Fohlen.

„Ich versuche, die Stute zu ihrem Fohlen zu locken", sagt sie zu Ponyherz. „Aber wenn mir das nicht gelingt, müssen wir uns Unterstützung holen."

Sie steigt ab und versucht sich der Stute zu nähern. Dabei gibt sie Ponyherz einen Wink, es ihr gleichzutun.

„Ponyherz, du von der anderen Seite. Die Stute gehört doch bestimmt zu deiner Herde, vielleicht hört sie auf dich."

Anni streckt beide Hände nach dem Tier aus. Das hat schon so oft geklappt.

„Ich hab dein Fohlen gefunden. Es geht ihm gut", erzählt Anni der Stute im gleichen sanften Plauderton, in dem der Pferdeflüsterer mit verängstigten Pferden spricht. „Jetzt steht es da drüben und hat Hunger und Sehnsucht nach dir. Komm einfach mit uns."

Zu Annis Enttäuschung reagiert die Stute mit heftiger Abwehr. Sie fängt laut an zu röhren. Es ist ein Ton, den Pferde ausstoßen,

wenn sie extrem gestresst sind, und mit dem sie Feinde einschüchtern wollen, vor denen sie selbst große Angst haben.
Pieter hat Anni und Lorenz einmal die verschiedenen Laute
erklärt, mit denen Pferde sich mitteilen.

„Ich bin nicht deine Feindin", sagt Anni. „Ponyherz und ich sind
befreundet."

Sie versucht es noch einmal. Die Stute legt die Ohren an und
stößt ihr Maul nach vorne, als wolle sie nach Anni schnappen.

Schnell zieht sich Anni wieder zurück. „Tschuldigung!"

Jetzt greift Ponyherz ein. Er lässt seinen Kopf und seinen Hals von unten nach oben kreisen, wie eine Schlange. Das machen Leithengste, um ihre Herde zusammenzutreiben, weiß Anni. Sogar die ganz jungen Fohlen üben das schon, wenn sie miteinander spielen.

Aber keine Chance. Nun röhrt die junge Stute sogar Ponyherz an und aus Richtung der Quelle ist wieder das Fohlen zu hören, das nach seiner Mutter ruft.

Anni bewegt sich hinüber zu Ponyherz, drückt ihren Kopf gegen seinen Hals und streicht über seine Mähne. „Ponyherz, das wird nichts. Sie ist ganz verstört. Alleine schaffe ich das nicht, wir brauchen Hilfe. Am besten reiten wir zum Gutshof, und zwar so schnell wie möglich."

Ponyherz knickt die Vorderbeine ein, damit Anni bequem aufsteigen kann.

Wie der Wind fliegt das Wildpferd durch die Nacht und trotz all der Aufregung und Sorge genießt Anni das wunderbare Kribbeln in ihrem Bauch. Nirgendwo ist es so schön wie auf dem Rücken von ihrem Ponyherz.

Sie haben den Waldrand noch gar nicht erreicht, als Anni ein Licht flackern sieht. Ein Pferd wiehert laut.

Im nächsten Moment erkennt sie Lorenz mit Stirnlampe. Er sitzt auf der Connemara-Stute Lotte, ganz ohne Sattel, nur zwei

Führstricke in den Händen, die er rechts und links an ihrem Halfter befestigt hat.

Lorenz? Was macht er denn hier, mitten in der Nacht?, denkt Anni überrascht. Aber cool sieht er aus. Wie ein echter Cowboy. Auch Ponyherz hat den Freund erkannt und bleibt so abrupt stehen, dass Anni fast herunterfällt.

„Anni! Und Ponyherz!", ruft Lorenz.

Beim Anblick von Lorenz' verdattertem Gesicht muss Anni tatsächlich erst mal lachen. „Da staunst du, was?", ruft sie ihm übermütig zu. „Man sieht sich immer zweimal im Leben, heißt es."

Die Connemara-Stute ist wirklich tiefenentspannt. Pieter hatte ja gleich vermutet, dass sie nur ein wenig Vertrauen und Aufmerksamkeit brauchte. Alles an ihr strahlt Gelassenheit aus, sie lässt Kopf und Schweif locker hängen, obwohl ihr Anni auf einem fremden Hengst gegenübersteht. Ponyherz trabt sofort auf sie zu und stupst sein Maul freundschaftlich gegen ihres. Die beiden mögen sich auf Anhieb.

„Harvey hat mich geweckt", klärt Lorenz Anni auf. „Ich konnte mir schon denken, wer da gewiehert hatte, und ich wusste auch, dass du mit Ponyherz nicht einfach so einen nächtlichen Ausritt machst und Harvey zurücklässt. Also, was ist los?"

Anni berichtet ihm kurz und knapp, was im Wald passiert ist.

Lorenz ist gleich tiefbesorgt. „Das schaffen wir beide nicht ohne

Pieters Hilfe. Ich rufe ihn sofort mal an. Leider übernachtet er heute zu Hause auf dem Pferdeflüsterer-Hof, aber dann kann er Sebastian wenigstens direkt mitbringen." Er zieht sein Handy aus der Hosentasche.

Anni schaut ihn erschrocken an. „Aber ich möchte nicht, dass Ponyherz den beiden den Weg zeigt. Du weißt, dass ich alles versuche …"

Lorenz hebt beschwichtigend die Hände. „Ganz ruhig, Anni. Lass uns überlegen, was wir tun können. Wo genau hält sich das Fohlen auf? Ist dir dort etwas Besonderes aufgefallen?"

Anni nickt eifrig. „Ja, klar, eine Felswand mit einer kleinen Quelle vor einer Lichtung, fast wie bei uns in Groß-Hottendorf. Ich habe das Fohlen dazu gebracht, dort ein wenig Wasser zu trinken. Und ein Stück weiter steht die Mutter des Fohlens. Aber sie hat nach mir geschnappt und mich nicht an sich rangelassen."

Lorenz dreht den Daumen nach oben. „Perfekt. Die Quelle hat sicher einen GPS-Vermerk – das heißt, wir würden die beiden mit einem Ortungssystem auch ohne Ponyherz finden."

Anni nickt erleichtert. „Stimmt, auf jeden Fall."

„Hoffentlich dauert es nicht so lange, bis Pieter und Sebastian da sind. Nicht dass die Stute in der Zwischenzeit wegläuft", sagt Lorenz.

Anni nickt besorgt, doch in derselben Sekunde kommt ihr eine

Idee. „Sam!", schreit sie. „Wir bitten Sam um Hilfe. Sie kennt sich als Rangerin doch mit wilden Tieren aus. Bestimmt schafft sie es dann auch, Wildpferde zu beruhigen. Außerdem ist sie in der Nähe und kann viel schneller beim Fohlen und bei der Stute sein als Pieter und Sebastian."

Lorenz guckt erleichtert. „Keine schlechte Idee. Wir müssen uns nur noch eine gute Story ausdenken, wie *wir beide* das Fohlen gefunden haben. Damit Ponyherz raus ist."

Seite an Seite reiten sie durch den nächtlichen Wald zurück.

Die Stirnlampe von Lorenz hat kaum noch Strom, ihr flackerndes Licht wirft unheimliche Schatten und verwandelt das tote Unterholz in grässliche Kobolde und fliehende Waldgeister. Anni schaudert und drückt ihr Gesicht tief in Ponyherz' warmes Fell, um von dem gespenstigen Spektakel so wenig wie möglich mitzukriegen. Erst als der Gutshof in Blickweite ist, atmet sie auf. Vor der Pforte des Internats stoppen sie ihre Pferde.

„Wie hast du es geschafft auf Lottes Rücken zu bleiben, du Spinner?", fragt Anni neugierig.

Lorenz grinst überlegen. „Na, wer ein echter Pferdeflüsterer ist …"

Anni schüttelt gespielt empört den Kopf. „Boah, du kannst so ein Angeber sein." Aber sie lächelt froh in sich hinein. Auf Ponyherz und Lorenz ist einfach immer Verlass.

„Ich bringe Lotte in den Stall und wecke Sam. Und du kannst zum Abschied noch ein wenig an Ponyherz schnuppern." Lorenz grinst sie an. „Du weißt ja jetzt, dass er ganz in deiner Nähe ist. Das ist so unglaublich! Niemals hätte ich gedacht, dass die Herde sich ausgerechnet in diesem Wald ansiedelt."

Anni nickt eifrig. „Frag mich mal. Und was für eine Geschichte tischen wir Sam jetzt eigentlich auf, warum wir nachts im Wald waren?"

Lorenz winkt ab. „Ich hab da schon was im Kopf."

Kaum ist Lorenz fort, rutscht Anni von Ponyherz' Rücken und schlingt die Arme so fest um seinen Hals, als wollte sie ihn nie wieder loslassen. „Lieber, hast du das verstanden? Lorenz holt unsere Rangerin und die wird uns helfen. Jetzt musst du aber fort. Pass solange auf die Stute und ihr Fohlen auf. Okay?"

Ponyherz trabt folgsam davon und Anni wartet ungeduldig in der Finsternis.

Nach einer gefühlten Ewigkeit taucht Lorenz endlich mit Sam im Schlepptau wieder auf.

„Mensch, Kids, was macht ihr denn für Sachen?", begrüßt die

Lehrerin Anni. „Nachts im Wald mit Lotte auszureiten, das ist doch – entschuldigt das schlimme Wort – bullshit. Ihr seid noch kein Cowboy and -girl, ihr werdet erst welche."

Lorenz zieht ein schuldbewusstes Gesicht und zwinkert gleichzeitig heimlich Anni zu. „Wir haben gedacht, für Lotte ist es leichter, ohne Publikum auszureiten. Ist doch nervig, wenn alle immer um sie herumspringen und Videos machen. Außerdem fand sie es bestimmt spannend, mal nachts unterwegs zu sein."

Die Rangerin schnaubt und schüttelt den Kopf wie Ponyherz. „Aber es ist doch was Gutes herausgekommen", sagt Anni. „Sonst hätten wir das Fohlen nicht entdeckt."

Samantha nickt und wedelt mit ihrem Handy. „Die Koordinaten der Quelle habe ich schon gefunden. Aber wir können die weite Strecke nicht zu Fuß laufen. Ihr schnappt euch am besten die Shettys. Ich nehme Lotte, sie kennt den Weg ja schon, das kann helfen."

Das stimmt zwar nicht ganz, aber egal, denkt Anni. „Wir dürfen mitkommen?" Sie und Lorenz strahlen.

Samantha lacht. „Sure, ich mache die Arbeit doch nicht alleine. Oder seid ihr jetzt müde und wollt in eure warmen Bettchen? Darauf können Rangerinnen keine Rücksicht nehmen."

Am liebsten würde Anni die Rangerin vor Freude umarmen. Aber das traut sie sich dann doch nicht. Obwohl sie das Gefühl hat, dass sie sich schon ewig kennen. Sam ist einfach supernett.

Als Anni auf dem Rücken ihres Shettys mit Samantha und Lorenz in den Wald reitet, fühlt sie sich wirklich wie eine Rangerin. Von Müdigkeit keine Spur.

Ponyherz, mein Ponyherz, kannst du mich sehen?, ruft sie lautlos. Sie spürt mit jeder Pore, dass ihr Wildpferd ganz in der Nähe ist.

Schon ein gutes Stück vor der Quelle weist Samantha Lorenz und Anni an, anzuhalten und abzusteigen. „Vertrauen zu bilden ist der Schlüssel, um sich einem scheuen Pferd zu nähern", sagt sie. „Ihr müsst *ent*spannt sein, nicht *an*gespannt. Gelassen, als würdet ihr einen guten Freund zum Tee besuchen. Macht euch keine Gedanken, *ob* ihr es schafft, sondern seid euch sicher, *dass* ihr es schafft. Und dabei ruhig atmen …"

Mit geübtem Blick erkennt die Rangerin, dass es dem Fohlen zum Glück so weit gut geht. Sie entscheidet, dass Anni bei ihm bleiben und Kontakt mit ihm halten soll. Mit Lorenz will Sam hinüber zu der Stute gehen. „Die Mutter und das Fohlen brauchen auf jeden Fall medizinische Hilfe."

Zu gern hätte Anni mit eigenen Augen gesehen, was genau Sam mit der Stute macht. Die magischen Worte sind wohl unendliche Ruhe und Geduld. Nur so ist es zu erklären, dass Sam und Lorenz kurze Zeit später tatsächlich mit Lotte und der Wildpferd-Stute an der Quelle auftauchen. Anni ist außer sich vor Freude!

Als das Fohlen seine Mutter sieht, springt es ihr fast munter nach, obwohl es von ihr gar nicht beachtet wird. Samantha steigt auf Lottes Rücken und die beiden Stuten beschnuppern sich für einen Moment. Als sich Sam langsam auf Lotte in Bewe-

gung setzt, zögert die junge Stute nur kurz, ehe sie ihr schließlich folgt. Und das Fohlen läuft den beiden großen Pferden auf seinen dünnen Beinen nach. In diesem Moment könnte Anni Sam und Lotte wirklich abknutschen – sie haben es geschafft! Sam gibt Lorenz und Anni ein Zeichen und sie folgen der Karawane auf den Shetlandponys in einigem Abstand bis zum Internat.

Zu ihrer Überraschung wartet Harvey auf dem Schulhof auf sie.

„So, so", sagt Samantha. „Der Dritte im Bunde, ich verstehe."

„Ich habe Geräusche und Stimmen auf dem Hof gehört. Da bin ich einfach runter", sagt er. „Kann ich euch irgendwie helfen?"

Anni kann sich so gut vorstellen, dass Harvey unbedingt erfahren will, wie es im Wald weitergegangen ist. Zum Glück scheint er zu ahnen, dass er es aber besser so tun sollte, als wüsste er von nichts. Er hat ja auch mitbekommen, dass Annis Wildpferd ein großes Geheimnis ist.

Lotte wiehert freudig und bewegt sich in Harveys Richtung.

„Hallo, Lotte, bist du das?", sagt er, und die Stute stupst ihn freundschaftlich mit ihrem Maul an.

Anni findet es erstaunlich, dass Harvey die Stute an ihrem Wiehern erkennt. So ein feines Gehör hätte sie auch gerne.

„Wir haben eine Wildpferd-Mutter mit ihrem Fohlen gefunden, beide brauchen ein wenig Hilfe", erklärt Samantha ihm. „Sie sind sehr scheu, weil sie keine Menschen gewohnt sind. Ich möchte sie gerne im Stall der Shettys unterbringen."

Harvey streckt die Hand aus, ganz vorsichtig, und die Wildpferdstute schnuppert tatsächlich daran. „Komm mit", fordert Harvey sie auf und streicht ihr liebevoll über das Fell. Seite an Seite geht er mit Samantha und der Stute in den Stall. Anni ist richtig beeindruckt! Das Fohlen stakst neugierig hinterher.

Lorenz belohnt Lotte mit einer Extraration Heu, sie war wirklich eine großartige Helferin in dieser Nacht.

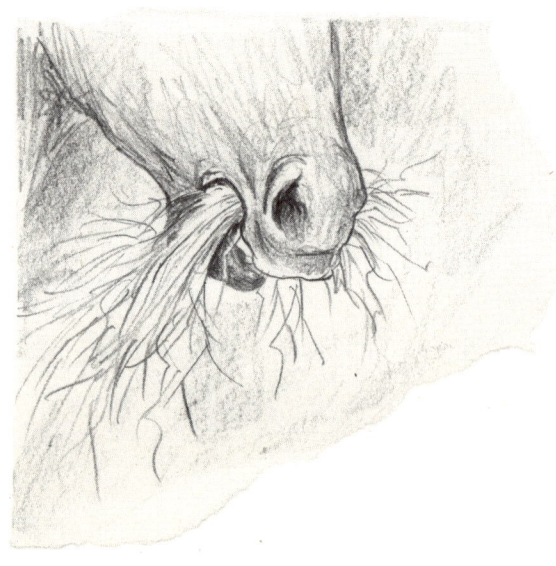

Anni schaut noch nach, wie es den Shettys geht, die in dieser Nacht auf der Weide bleiben.

Als die Pferde versorgt sind, lächelt Sam Anni und Lorenz anerkennend zu. „Gut gemacht, ihr beiden. Das war der erste Schritt … Über den Waldausflug müssen wir morgen reden, den werde ich der Schulleitung nicht verheimlichen können. Aber jetzt erst mal ab in die Federn mit euch. Ich rühre dem Fohlen schnell noch etwas Milchpulver an und füttere es mit der Nuckelflasche. Es kann gut sein, dass die Stute das Kleine vor lauter Aufregung nicht trinken lässt." Sie hebt die Hand. „See you in the morning."

Als sie den Stall verlassen haben, fällt Anni Lorenz erleichtert um den Hals.

„Danke, Lorenz, du bist mega. Aber ich will nicht, dass du Ärger mit Pieter kriegst. Das wäre unfair. Ist ja eigentlich meine Schuld gewesen."

Lorenz winkt lachend ab. „Ich werde es überleben. Komm, ist echt Zeit, noch ein paar Stunden zu schlafen. Träum schön von Ponyherz."

... ein neuer Anfang!

Es wird schon hell, als Anni in ihr Zimmer zurückkehrt. Lynn schläft tief und fest und hat von dem nächtlichen Abenteuer nicht das Geringste mitbekommen. Anni macht sich in Windeseile bettfertig und putzt sich sogar noch die Zähne, obwohl sie hundemüde ist. Dann schnappt sie sich ihr Tagebuch, einen Stift und die Taschenlampe und kriecht unter die Bettdecke. Kurz bevor ihr die Augen zufallen, schreibt sie:

Mein lieber Ponyherz,

mein größter Wunsch ist wahr geworden. Du bist wieder da! Du riechst noch genauso gut wie bei unserem letzten Ausritt.
Ach Ponyherz. Auf deinem Rücken durch den wald zu fliegen ist ein wahr gewordener Traum.

Und du kannst dich freuen. Das Fohlen und die Stute sind nun erst mal in Sicherheit. Hast du uns heimlich zugeschaut? Es war so ein großartiges Gefühl, die beiden zu retten. Ich kriege schon wieder Gänsehaut, wenn ich daran denke. Und Sam hat das einfach toll gemacht. So cool wie sie möchte ich auch mal werden. Aber jetzt muss ich dringend schlafen.
Vielleicht träumen wir heute beide von unserem gemeinsamen Ritt durch den Wald.

Am nächsten Morgen herrscht im Internat höchste Aufregung. Wie ein Lauffeuer spricht es sich herum, dass im Stall zwei Wildpferde erstversorgt werden: eine Stute mit ihrem Fohlen. Wie hat Samantha es nur geschafft, die beiden Wildpferde auf den Gutshof zu bringen? Und ist es wahr, dass Anni und Lorenz ihr dabei geholfen haben? Darüber gibt es im Pausenraum aufgeregte Gerüchte. Jeder glaubt etwas zu wissen. Aber was wirklich geschehen ist, können nur Anni und Lorenz aufklären, die an diesem Morgen ziemlich spät beim Frühstück auftauchen.

„Stimmt es, dass ihr das Fohlen gefunden habt?", fragt Lynn schon zum zehnten Mal, als sie gemeinsam am Tisch sitzen. „Was habt ihr überhaupt im Wald gemacht und warum habe ich nicht mitgekriegt, dass du dich rausgeschlichen hast?" Der letzte Satz klingt wie ein Vorwurf.

„Also, was ich darüber sagen kann …", mischt Harvey sich ein. Aber da legt Lorenz die Hand auf seine Schulter. „Harvey hat uns wirklich richtig toll geholfen, die Wildpferde in den Stall zu bringen. Das wolltest du gerade erzählen, oder?" Er lächelt Anni verschwörerisch zu.

Anni lächelt zurück. Lorenz und sie haben beschlossen, Harvey aus der Sache mit dem Wald ganz herauszuhalten. Es reicht, wenn Lorenz und Anni für ihren verbotenen nächtlichen Ausflug Ärger kriegen. Aber dafür muss Harvey unbedingt noch in ihre Fantasiegeschichte, die sie Sam aufgetischt haben, eingeweiht werden.

„Wir reden später noch mal, Kumpel", sagt Lorenz nun und Harvey scheint den Wink zu verstehen.

Lynn ist trotzdem misstrauisch geworden. „Was meinte Harvey gerade?", fragt sie.

Zum Glück taucht in diesem Moment Pia mit Bine im Schlepptau auf. Sie kreischen laut vor Aufregung.

„Hey, jetzt sagt doch endlich mal: Was genau ist passiert?", ruft Pia. „Wieso sind Wildpferde bei uns im Stall? Ich denke, die dürfen nicht drinnen sein, weil sie das nicht gewohnt sind? Meine Mutter ist voll aufgeregt. Sie hat eben organisiert, dass die Alpakas erst ein paar Tage später kommen, damit die Wildpferde in Ruhe versorgt werden können. Jetzt ist sogar gerade der Tierarzt da." Ihre Augen strahlen vor Begeisterung.

Inzwischen hat sich fast die gesamte Klasse um den Tisch von Lorenz und Anni versammelt, um die ganze Geschichte zu hören. Selbst Melli ist auffallend still und hält die Klappe, um auf keinen Fall etwas zu verpassen. Anni und Lorenz kommen gar nicht dazu, ihr Frühstück zu essen, dabei sind sie nach der Abenteuernacht so hungrig.

„Liebe Leute, wie wäre es, wenn ihr euch wieder auf eure Plätze setzt? Es ist Frühstückszeit, wir wollen uns erst mal für den Tag stärken", greift die Rangerin Sam ein.

Unter Protest schlurfen alle zurück an ihre Tische. Sam wartet, bis es ruhig geworden ist.

„Ich kann verstehen, dass ihr aufgeregt seid. Wildpferde sind ja auch etwas Beson-  deres. Ein paar Sätze dazu, was heute Nacht passiert ist: Anni und Lorenz haben ein hilflo- ses Fohlen im Wald ent- deckt, das von seiner Mutter nicht versorgt wurde."

Jetzt hält es Melli doch nicht mehr aus. „Wuah, was machen die Nerds denn nachts im Wald? Voll crazy. Seid ihr dort verliebt im Mondschein spazieren gegangen, oder was?"

Anni und Lorenz werden beide knallrot.

„Du tickst ja nicht richtig!", ruft Anni aufgebracht.

Lorenz legt seine Hand auf Annis Arm. „Komm, lass sie."

Sam runzelt verärgert die Stirn. „Natürlich ist es nicht erlaubt, nachts im Wald zu sein, da hast du recht, Melanie. Aber wir werden das mit den beiden allein klären, nicht in großer Runde. Ist das allen klar?" Sie schaut sich streng um.

„Weitererzählen!", bittet Lynn.

„Anni und Lorenz haben die Pferde gefunden und mir Bescheid gesagt. Als Rangerin kenne ich mich mit Wildtieren sehr gut aus und gemeinsam mit Anni und Lorenz konnte ich die Stute und ihr Fohlen hierher lotsen. Manche Stuten sind bei der Geburt ihres ersten Fohlens noch sehr jung und es fehlt ihnen der Instinkt, ihren Nachwuchs zu versorgen. Das liegt oft auch an fehlenden Hormonen. Aber das Fohlen ist gesund, es bekommt ein paar Tage Muttermilch mit der Flasche. Und es wird uns bestimmt gelingen, dass die Stute und ihr Kleines sich annähern. Sobald es geschafft ist, lassen wir die beiden zurück in den Wald. Aber ihr werdet die Tiere vorher natürlich noch kennenlernen – unter meiner Aufsicht. Und niemand macht heimlich Fotos oder Videos. Ist das klar?"

Pia beginnt spontan zu klatschen und nach und nach stimmen alle ein.

„Es ist toll, dass du bei uns bist, Sam!", ruft Lynn begeistert.

„Ich will später unbedingt auch Rangerin werden", flüstert Anni Lorenz leise zu. Sie ist plötzlich so gerührt, dass sie sich ein paar Tränen aus den Augen wischen muss. Der Löwenanteil Lob gebührt natürlich Ponyherz. Aber es reicht ja, dass Lorenz und sie es wissen – und ein klein bisschen Harvey.

Lorenz schaut sie an und sieht, wie sie mit den Tränen kämpft. Spontan nimmt er ihre Hand in seine und Anni ist es piepegal, dass Melli schon wieder feixt.

„Ponyherz und du, ihr habt alles richtig gemacht", sagt er leise, damit die anderen es nicht hören. „Wie immer."

Anni lächelt in seine blauen Augen und spürt ein seltsames Kribbeln im Bauch. „Na ja, wie *fast* immer."

Eine Tausendstelsekunde denkt Anni daran, dass sie Sam versprochen hat, auf keinen Fall erneut nachts im Wald herumzustromern.

Aber wenn Ponyherz nach ihr ruft, dann weiß sie, wohin ihr Herz sie führt.

Hallo, hier ist eure Anni!

Unglaublich, dass ich plötzlich auf ein Internat gehe!
Ziemlich weit weg von meinem Zu Hause, dem Orchideenhof. Ich fühle mich ur-ur-ur-alt.

Inzwischen finde ich es richtig spitze im Internat!
Mit meinen neuen und alten Freunden. Und den Tieren –
vor allem natürlich den Pferden.
Ganz ehrlich: Das war nicht immer so.

In den letzten Tagen zu Hause habe ich ziemlich oft
geweint. Es ging gar nichts mehr.
Und Ponyherz war ja auch nicht da, um mich zu
trösten.
Aber wie ihr seht, bin ich wieder supergut
drauf!
Ich erzähl euch mal, was bei mir geholfen
hat:

Wenn ich wegen etwas traurig bin, brauche ich unbedingt was Süßes – am besten etwas warmes, flüssiges Süßes. Ihr erratet es schon – heiße Schokolade! Aber nicht stinknormale heiße Schokolade.

Hier ist mein ultimatives Gute-Laune-Zauberrezept!
Für einen Becher verrückt-leckere heiße Schokolade braucht ihr:

- 1 Becher Milch
- 100 g weiße Schokolade, gehackt
- 1 EL Erdnussbutter
- 1 EL Marshmallowcreme
- 1 EL Kakaopulver
- 2 EL bunte Schokoladenstreusel
- 1 Messerspitze Zimt
- 1 Prise Chilipulver
- Schlagsahne, Karamellsoße und zusätzliche Schokoladenstreusel zum Garnieren

Ich könnte in meiner heißen Schokolade baden, sie spült meine Traurigkeit weg wie ablaufendes Badewasser.

Da bin ich schon bei meinem zweiten
Tipp gegen Traurig-Sein:
Ein richtig kuscheliges (also war-
mes) Wannenbad mit duftendem
Badeöl ist auch was Feines. Ich
habe zu meinem letzten Geburtstag Badeschaum-Sternchen und
-Konfetti geschenkt bekommen.
Wenn das Badewasser kunterbunt
und lustig aussieht, hebt das die Laune
enorm, das kann ich euch versprechen.
Dann ganz entspannt in der Wanne liegen, umgeben von
Konfetti und Sternchen, und die heiße Schokolade
schlürfen. Nicht vergessen, vorher im Badezimmer eure
Lieblingsmusik aufzudrehen – und ihr steigt
glücklich aus der Wanne. Das verspreche ich
euch.

Falls mein Schokoladen-Rezept und
das Konfettisternchen-Wannenbad
eure Traurigkeit nicht vertreiben
sollten, habe ich noch einen dritten
richtig tollen Tipp:

Schnappt euch euer Handy – oder wenn ihr habt eine Polaroid-Kamera – und macht jede Menge Fotos von Dingen, die ihr liebt oder die euch an schöne Momente erinnern! Ich habe vor meiner Abreise den Sandkasten von meinem kleinen Bruder Lars, die Gurken im Gewächshaus, Mamas kaputtes Fahrrad und Papas Werkzeugkasten fotografiert. Außerdem Mama, Papa und Lars, wie sie doofe und lustige Gesichter ziehen. Daraus habe ich eine Collage gebastelt, ein Selfie von mir hinzugefügt und das alles habe ich mit meinen Zeichnungen verschlimmbessert. Ihr wisst ja: Ich zeichne so gern!

So. Ich hoffe, ich findet einen meiner Tipps brauchbar. Probiert sie doch einfach alle aus!

Bis bald und einen dicken Knutscher!

Eure Anni

Dies war der erste Band von *Forever*. Doch die Abenteuer von
Anni und ihrem Wildpferd gehen weiter.

Anni ist so glücklich, dass Ponyherz ganz
in der Nähe auf sie wartet! Und überhaupt mag Anni
ihr neues Leben im Internat inzwischen sehr.
Doch was ist nur mit Melli los? Es scheint, als wenn sie
in Schwierigkeiten steckt. Ob es etwas mit dem Brief zu tun
hat, der vor Kurzem für Melli angekommen ist?

Sei gespannt auf die Fortsetzung!

Leseprobe aus Band 2

Anni kann das Ende der letzten Stunde kaum erwarten. Mister Grant ist heute besonders gut gelaunt und spuckt einen englischen Witz nach dem nächsten aus. Allerdings versteht Anni nur die Hälfte, weil sie nicht richtig zuhört. Ihr geht etwas Wichtiges im Kopf herum. Das muss sie unbedingt mit Lorenz besprechen, am besten noch vor dem Mittagessen. Endlich läutet es zum Schulschluss.

Lorenz und Anni springen gleichzeitig auf und Lorenz läuft mit eiligen Schritten aus dem Klassenzimmer.

„Warte!", ruft Anni ihm hinterher und stopft ihr Federmäppchen und ihr Schreibheft schnell in ihre Tasche.

„Was ist denn los?", fragt Lynn überrascht, die ihre Sachen ganz in Ruhe zusammenpackt.

Aber Anni hat keine Zeit zu antworten, sie muss sich

Lorenz schnappen. Und sie hat auch schon eine Ahnung, wohin er läuft. Eilig heftet sie sich an seine Fersen, um ihn einzuholen.

Mist! Zu spät. Als Anni das Schulgebäude verlässt, sieht sie Lorenz schon in den Ställen verschwinden.

Vor Kurzem sind endlich die Lipizzaner angekommen. Sie stammen aus der Pferdeklappe und sind noch extrem scheu. Nach einer Zwischenstation auf Pieters Hof werden sie nun im Internat versorgt. Im Augenblick darf nur Lorenz zu ihnen, weil er sich am besten mit Pferden auskennt. Und natürlich Pieter und die Rangerin Sam. Anni findet das ein wenig ungerecht, schließlich kennt sie sich inzwischen genauso gut mit Pferden aus wie Lorenz. Sie hat ja schon ewig Wildpferd-Erfahrung. Nur leider weiß das niemand außer Lorenz.

Anni schleicht sich in den Stall und verbirgt sich hinter einem Holzbalken. Gespannt schaut sie zu, wie Lorenz sich den Tieren langsam nähert.

Toll macht er das. Capriola und India heißen die beiden Pferde, India ist noch ein Fohlen. Lorenz bewegt sich von der Seite auf Capriola zu, damit die Stute keine Angst kriegt. Anni muss in sich hineinkichern, denn er hält einen halben Apfel in der Hand. Genau so hat sie das mit Pony-herz auch gemacht, als sie sich kennengelernt haben. Man merkt, dass Capriola den Apfel gerne haben möchte, sie schnaubt neugierig, traut sich aber nicht, ihn Lorenz aus der Hand zu fressen.

Fallen lassen, fallen lassen, flüstert Anni lautlos.

Im selben Moment lässt Lorenz den Apfel tatsächlich fallen und Capriola beugt sich über die Apfelhälfte, um daran zu schnuppern. Schließlich frisst sie den Apfel schmatzend auf.

„Brav", sagt Lorenz sanft. „Lass es dir schmecken."

Capriola hebt den Kopf und stupst Lorenz ungestüm gegen die Schulter. Überrumpelt plumpst Lorenz auf seinen Po und hat Glück, dass er auf einem Berg Stroh gelandet ist.

„Hoppla", rutscht Anni heraus und Capriola stößt ein kur-zes Wiehern aus, das sich wie Lachen anhört.

„Anni?", sagt Lorenz überrascht und rappelt sich auf. „Was machst du hier?" Er zupft sich verlegen ein paar Strohhal-me von der Hose und bewegt sich vorsichtig weg von Cap-riola, hinüber zu Anni. „Lass dich nicht von Pieter erwischen", sagt er. „Du weißt, dass erst mal nur ich mit den Lipizzanern Kontakt aufnehmen soll."

Anni zieht Lorenz aus dem Stall. „Notfall. Sorry", sagt sie. „Ich wollte dich nicht beim Pferdeflüstern stören." Sie zwinkert ihm zu. „Sah schon echt gut aus. Aber ich muss dich dringend sprechen. Mit Melli stimmt etwas nicht."

„Was soll mit ihr sein?", fragt Lorenz. „Sie hat ihr pinkes Beanie gegen ein stylishes Käppi getauscht. Sieht deutlich besser aus."

Anni schüttelt ungeduldig den Kopf. „Das meine ich nicht. Das Käppi ist von Raffi und der Brief von ihren Eltern, glaube ich. Seither macht sie ein Gesicht, als hätte sie ein Gespenst gesehen."

Lorenz scheint nun gar nichts mehr zu kapieren. „Raffi?", wiederholt er. „Wer ist das denn schon wieder?"

Anni holt tief Luft. Der Junge hat echt nur Pferde im Kopf. „Rafael. Raffi. Ihr supertoller Bruder. Du willst mir nicht sagen, dass du nichts von diesem Wonder Boy mitgekriegt hast? Sie redet doch seit Wochen von nichts anderem."

Lorenz guckt verdattert. „Nö, hab ich nicht. Frag doch einfach, wo sie der Huf drückt."

Anni schnaubt empört wie ein Wildpferd. „Auf gar keinen Fall, da fang ich mir nur wieder eine schnippische Antwort ein. Vorschlag: Wir beschatten sie und versuchen rauszukriegen, was los ist. Und wenn sie in Schwierigkeiten steckt, können wir ja immer noch direkt mit ihr reden. Okay?"

Der zweite Band erscheint im Herbst 2025.

Usch Luhn, geboren in Österreich, arbeitete nach dem Studium beim Kinderfernsehen und beim Radio. Heute unterrichtet sie Dramaturgie an einer Filmschule, schreibt Drehbücher und sehr erfolgreiche Kinderbücher. Sie lebt abwechselnd in Berlin und am Wattenmeer.

Franziska Harvey wurde 1968 in Frankfurt am Main geboren. Sie studierte Illustration und Kalligrafie und arbeitet als freiberufliche Illustratorin für verschiedene Verlage und Agenturen.

WILDE PFERDE,
FREIHEIT UND ABENTEUER!

Katrin Tempel
WILDE HORDE 1:
DIE PFERDE IM WALD
Hardcover
272 Seiten
ISBN 978-3-551-65084-9
Auch als Taschenbuch und
E-Book erhältlich

ZAZ VERBRINGT IHREN SOMMER in der Pension ihrer Oma am Waldrand – Ferien hat sie sich anders vorgestellt! Doch dann begegnen ihr im Wald zwei Jungs und zwei Mädchen. Die vier nennen sich die »Wilde Horde« – und streifen zusammen mit ihren Pferden durch die Wildnis. Sie wollen Zaz nicht in ihrem Wald haben, aber sie ist ohnehin lieber allein. Doch plötzlich ist alles anders. Denn Zaz lernt das fünfte Pferd kennen: Monsun. Als er nicht mehr von Zaz' Seite weichen will, gibt es kein Zurück. Ein unglaubliches Abenteuer beginnt …

HÖRST DU DAS FLÜSTERN?

Barbara Rose / Alina Brost
**WHISPERWORLD 1:
AUFBRUCH INS LAND
DER TIERFLÜSTERER**
Hardcover
304 Seiten
ISBN 978-3-551-65636-0
Auch als E-Book erhältlich

COCO, CHUCK, AMY, MOHIT UND PAUL WURDEN GERUFEN. Sie dürfen nach Whisperworld, wo vom Aussterben bedrohte Tierarten und seltene Fabelwesen leben. Sie wandern allein durch grünen Dschungel, schlafen in riesigen Baumhäusern und lernen jeden Tag Neues über die Natur und die Tiere um sich herum. Wer wird als Erstes das Flüstern hören? Wer wird als Erstes auserwählt, eine Art zu schützen als ihr Tierflüsterer?

WWW.CARLSEN.DE

BUNTES GROSSSTADT-LEBEN

Susanne Fülscher
RUBY 1:
RUBY
Hardcover
272 Seiten
ISBN 978-3-551-65552-3
Auch als E-Book erhältlich

RUBY WOHNT JEWEILS EINE WOCHE bei ihrer Mutter am grünen Stadt-rand, die darauffolgende Woche bei ihrem Vater in einer WG mitten in Bunt-Berlin. Sie liebt es, zwischen den beiden Lebenswelten hin- und her zu pendeln. Vor allem, als ein Zimmer in der WG des Vaters neu vermietet wird und ein ge-feierter Popstar einzieht ... Als dann auch noch ihre Mutter einen peinlichen Zei-tungsartikel über Ruby schreibt, ist das Chaos perfekt. Zum Glück bequatschen die besten Freundinnen Ruby, sich mit einer Mail an die Zeitung zu wehren: »Wie es wirklich war«!

DAS GIBTS NUR IM MÄRCHEN?
DACHTE MARIE AUCH!

Corinna Wieja
FAIRY TALE CAMP 1:
DAS MÄRCHENHAFTE
INTERNAT
Hardcover
288 Seiten
ISBN 978-3-551-65445-8
Auch als E-Book erhältlich

MARIES LEBEN FÜHLT SICH REICHLICH UNMAGISCH AN – bis sie wegen ihrer ungewöhnlichen Fähigkeiten ins Fairy Tale Camp eingeladen wird. In dem märchenhaften Internat lernt sie Ro, Poppy, Ella, Will und Jake kennen, die allesamt behaupten, das Erbe ehrwürdiger Märchenfamilien fortzuführen. Aber was haben magische Brunnen, verhexte Wirbelstürme und verwunschene Bilder mit Maries Leben und dem Verschwinden ihrer Mutter zu tun? Eine dunkle Macht wirft längst ihre Schatten über die magische Welt der Fairys.

HALT DICH FERN
VON DER NACHT

Claudia Scharf
**DAS GEHEIMNIS
VON NOX 1:
LICHT, SCHATTEN –
FLEDERRATTEN!**
Hardcover
304 Seiten
ISBN 978-3-551-65288-1
Auch als E-Book erhältlich

HALT DICH FERN VON DER NACHT, FÜR TAGLINGE IST DER TAG GEMACHT! Kein Tagling betritt Nox, so war das zu allen Zeiten. Doch dann kam Fill. Fill lebt ein normales Tagling-Leben: Schule, Sonnenball, Quaschel-Ernte. Aber dann explodiert ein Pfannkuchen, sein Kater büxt aus – und Fill steht mitten in Nox, dem verbotenen Land der Nacht. Funkelndes Feuer, sprechende Glühwürmchen, blutrünstige Flederratten ... und mit Nachtling-Mädchen Issa erlebt Fill Abenteuer, von denen die Tagwelt nur träumen kann. Doch als sein Vater Hilfe braucht, muss Fill tiefer in die Nacht als je zuvor. Ist er den echten Gefahren von Nox gewachsen?

Weitere Abenteuer in Vorbereitung.

Forever gibt es überall im Buchhandel
und auf www.carlsen.de.

Wir behalten uns die Nutzung unserer Inhalte
für Text- und Data-Mining im Sinne von § 44b UrhG
ausdrücklich vor.

MIX
Papier | Fördert
gute Waldnutzung
FSC® C014496

**Wir produzieren
nachhaltig**
• Klimaneutrales Produkt
• Papiere aus nachhaltigen
  und kontrollierten Quellen
• Hergestellt in Deutschland

© 2024 Carlsen Verlag GmbH,
Völckersstraße 14–20, 22765 Hamburg
Illustrationen: Franziska Harvey
Umschlaggrafik: Sabine Reddig
Lektorat: Neele Bösche
Produktionsmanagement und Gestaltung:
Constanze Hinz und Tanja Pieper
Handlettering: Olav Korth
Satz: Pinkuin Satz und Datentechnik, Berlin
Lithografie: Margit Dittes Media, Hamburg
ISBN 978-3-551-65535-6